ELSINOR
VERLAG

Juliane Karwath

Die Abenteuer des Müllers Crispin

Mit einem Essay
herausgegeben
von
Martin A. Völker

Elsinor

Bibliografische Information der Deutschen Nationalbibliothek
Die Deutsche Nationalbibliothek verzeichnet diese Publikation in der Deutschen Nationalbibliografie; detaillierte bibliografische Daten sind im Internet über www.dnb.de abrufbar.

1. Auflage 2022

Umschlag und Satz: Elsinor Verlag, Coesfeld
Abbildung auf dem Umschlag:
Martin A. Völker, *Into the blue* (2021),
kolorierte Fotografie
Das Porträt von Juliane Karwath befindet sich im Bestand der Staatsbibliothek zu Berlin – Preußischer Kulturbesitz:
SBB-PK Berlin <Portr. Slg/Lit kl/Karwath, Juliane, Nr. 1>

Printed in Germany
ISBN 978-3-942788-58-8

INHALT

Die Schwedenmühle 7

Der Weg der heiligen Walpurgis 37

Das Dörrhaus 57

Der Kuckuck ruft 80

Das Meerschiff 96

Der Johannisabend 105

Deuto! Deuto! 118

In der heißen Mühle 124

Der Müller zu Gubline 135

Nachwort:
Über das Als-Ob in der Literatur 140

DIE SCHWEDENMÜHLE

Diese Geschichte trug sich, wie der Müller sagte, im zweiten Jahre seiner Wanderschaft zu, als er noch ein milchbärtiger Junge war, kaum zwanzig Monde auf der Landstraße und unter ihren Brüdern. Hat hernach noch andere Geschichten erfahren, wie man hören wird. Man weiß von dem Müller Crispin, ich muß es offen sagen, daß er niemand anderes war, als jener Gesell, der mit einem sonderbaren Kameraden, der die merkwürdigsten Stücklein verübt, durch das Land gezogen ist, ja, daß man in ihm wahr und wahrhaftig noch einen Gefährten jenes Seltsamen vor Augen hat, von dem noch manche Sage berichtet. Aber der Crispin ist ein Müller, und die Müller erleben von alters her immer das Meiste!

Damals ist er, gleich nachdem er freigesprochen war, aus seiner alten Wassermühle fortgegangen, Scheffels Mühle hieß sie wohl, und der Wassermann soll manchmal in der Nacht aus dem Bach gekommen und leise in ihr umhergegangen sein, aber sonst war nicht viel an ihr, und er hat sie niemals mehr wiedergesehen.

Der Crispin war dort oben zu Hause, in dem Land mit den vielen Teichen, das sie das Bartschland[1] heißen, und seine Mutter selig hat ihn, so lange es ging, mit Tagwerk und dem Spinnrad ehrlich durchgebracht. Der Vater aber, ein Schifferknecht, war schon vor Zeiten in der Oder ertrunken.

1 Bartschland: das sog. Bartschtal in Niederschlesien, heute der in Polen gelegene Landschaftsschutzpark Bartschtal bzw. Park Krajobrazowy Dolina Baryczy, seit dem Mittelalter bekannt für die dortige Fischzucht.

Der Crispin hat sich bald auf Mittag zugewandt, weil ihn nun einmal das Gebirge anzog, das er Zeit seines Lebens noch nicht gesehen, von dem ihm aber allerhand erzählt worden war.

Kam auch nach mancher Tagereise bis ins Mährische, ohne aber mehr zu vernehmen, als ein paar Laute von der Sprache dort und ohne viel mehr vom Gebirge zu sehen, als ein paar düster umblaute Häupter. Ward mit Schmerzen in den Gliedern unversehens krank und kam zu den barmherzigen Brüdern ins Spital.

Das war der Anfang von Crispins Wanderschaft, von dem er aber hernach nicht mehr viel hielt.

Wieder frisch geworden, stand er in einer Wassermühle unweit Breslau ein, die Mühle in der Krümme, und dort blieb er bis aufs nächste Jahr.

Zum Sommer ging er wieder weiter und war nun schon mehr mit dem Leben auf der Landstraße vertraut und den Brüdern vom Handwerk, den reisenden Gesellen, wußte beim Meister Handwerksgruß zu sagen, um das Geschenk und ein bescheidenes Nachtlager zu bitten und wußte, wie man mit den Bütteln[1], den Hunden und der Igelkeule fertig wird.

Die Igelkeule war eine angenehm kostümierte Puppe aus Holz, die an machen Orten die zum erstenmal einpassierenden Burschen küssen mußten, wobei sie ihnen die stachelige Kehrseite zuwandte.

Im Herbst traf Cripin dann mit jenem Balthasar zusammen, der ihm für eine Weile Reisegefährte wurde. Ein Schneider war es, aus dem Muskauschen[2], mit Trudelmütze und Zwillichrock, dünn von Gliedern und bange über die Maßen, immerwährend nach Kirchtürmen ausschauend.

1 Büttel: Gerichtsdiener, Ordnungshüter.

2 Muskau: Landstadt im Landkreis Görlitz in der Oberlausitz.

Er traute nicht dem kleinsten Walde und sprach nur von den Wahrzeichen, dem Bier und den Mädchen.

Als sie aus dem Breslauschen heraus waren, sahen sie einen hohen Berg wolkenumkreist im Weiten liegen, den Crispin mit sonderbarem Schauder anstarrte, denn es war der erste, den er wieder sah, und er schlug dem Schneider vor, ihn zu besteigen.

Zuvor machten sie in einem Orte Rast, der dem Berg am nächsten lag, und dort berichtete man ihnen gleich allerhand Wunderliches von ihm. Die Wolken umzogen den Berg noch immer mit großer Schnelligkeit, es war sonderbar, diesem Kreisen, das fast ein Tanzen war, zuzusehen.

In grauer Morgenfrühe verließen sie mit ihren Ränzeln die Herberge und steckten schon nach kurzer Wanderung mitten im Nebel. Eben hatten die Sterne noch geleuchtet, jetzt waren sie von diesem Berg verhüllt, in dessen Atem sie eingetreten waren. Er ließ nicht nach, sie so im Grauen an sich zu ziehen, die nassen Fichten rauschten dann und wann, und irgendwo im Weiten regte es sich geheimnisvoll: ob es nun Wild war, das in sein Lager zurückkehrte oder anderes, das sich nicht nennen läßt! Auf einmal blieb der Schneider stehen und wies zitternd geradeaus: stand da im nächtigen Grauen eine Gestalt! Crispin ging auf sie zu und sah, daß es ein mächtiges Steinbild war. Ihm fiel ein, daß man drunten erzählt hatte, auf dem Berge stünde das Steinbild eines Mädchens, das vor Zeiten dort von einem Bären zerrissen worden war.

Sie stiegen weiter. Unten stand das Bildnis und schaute ihnen nach.

Auf der Kuppe war eine Kapelle, und über dem Hauptaltar schwebte die Muttergottes, aber darunter sah man ein Bild des Berges. Es war, als ob er sich hier drinnen im geweihten Raume selber widerspiegele, und Crispin schien es, als ob daran etwas sei, das nicht in die Kapelle gehöre.

Der Morgen war heraufgekommen, etwas neblig zwar, aber man sah doch alles Land und vor allem das Gebirge. Drüben lag es in seiner ungeheuren Breite und schaute zu ihnen herüber. Crispin fiel wieder ein, was drunten erzählt worden war: daß der Berg Wetterprophet und voller Geister und seltsamer Wesen sei. Vielleicht stand es mit diesem allen da drüben auch nicht anders.

Sie kamen nun in eine Stadt, wo gerade Jahrmarkt war. Böhmen, Mähren, Glatzer waren da, neben den Rechen und Löffeln und anderem böhmischen Holzwerk gab es Leinwand, Halbseidenes und sogar Seidenes, dazu ein gutes Bier und keine Igelkeule.

Der Schneider hielt unter den Wahrzeichen fleißig Umschau und saß bald so fest, als ob er Spielmännchen oder Hecketaler[1] in der Tasche hätte. Crispin streifte umher und spähte nach dem Gebirge, dem er nun noch näher gekommen war. Fast schwarz starrte es ihn mit allen Kuppen, Felsen, Ruinen und Wäldern an.

Am dritten Tage, als eben abgeräumt wurde, sagte der Schneider, daß er es sich anders überlegt hätte und hier beim Meister Thaulke im «Goldenen Engel» in Kondition treten werde, das Bier am Orte sei gut. Crispin aber solle sich nicht abhalten lassen, weiter seinem Ziele zuzustreben.

Dabei lachte er so sonderbar, worauf Crispin aber keine Obacht gab.

Der tat auch, wie er wollte und zog am anderen Morgen davon, blieb aber nicht lange auf der breiten Straße, sondern schlug sich bald in den stillen Wald hinein.

1 Hecketaler: Heckethaler, eine Münze, mit Zauberkraft versehen, da sie sich stets verdoppelte.

Er stieg und stieg und durch die Wipfel der Laubeichen blies bald ein harter Wind. Es war nicht mehr weit vom Tage Katharina[1], und Crispin bedachte, ob es nicht doch geraten sei, sich eine Unterkunft zu suchen? Aber er stieg und stieg und etwas lockte ihn. So viel er auch hin und her wechselte, er stieß auf keine Mühle, geschweige denn ein Dorf oder einen Weiser. Begegnete ihm auch kein Holzhauer mehr, wie sie sonst um diese Zeit im Walde sind, kein Bruder mit dem Ränzel auf dem Rücken, schienen sich alle schon dahin gezogen zu haben, wo die Essen rauchen.

Als es dunkelte, nahm er in einem alten Jägerhause Unterkunft, das mitten im Walde lag, und in das er sich Laub und Moos zusammentrug.

In der Nacht fuhr Crispin mit einem sonderbaren Gefühl auf. Der Wind schwieg, nichts rührte sich, nicht eine Eule schrie, nichts im ganzen Walde war laut, und doch war es ihm, als ob ihn etwas Sonderbares berührt hätte. Da er aber nichts weiter erfuhr, schlief er wieder ein. Als er aber in der Frühe den Kopf herausstreckte, sah er, daß in der Nacht Mengen von Schnee gefallen waren und noch immer fielen. Nun hieß es wohl doch, ein Obdach suchen, denn wenn der Rock auch dicht, das Ränzel noch gefüllt, die Glieder wieder fest waren, so wußte Crispin doch, was es bedeutete, im Winter unterwegs zu sein.

Aber er kam nicht aus dem Walde und traf auch auf keine Mühle. Auf einmal fand er sich an einem Dreiweg und sah einen Pfad durch die Fichten aufwärts schlängeln und etwas in ihm stieß: den läßt du doch nicht und steigst ihn, mag da kommen, was da will!

1 Tage Katharina: Tag der hl. Katharina (von Alexandrien), ihr Gedenktag ist der 25. November.

Er kam in ein Tal, das sich sachte aufwärts hob. In der Mitte rann ein Wässerlein, rechts und links lagen sanfte Höhen, auf denen Hochwald stand. Die Ufer säumte allerhand Gestrüpp. Der Pfad war nicht unangenehm, die Berge hielten jeden rauhen Hauch ab, der fallende Schnee klang auf den harten roten Blättern der Eichen und Buchen, es war ein gedämpfter Gesang im Walde, mitsamt dem fernen Sturme. Aber kein Mensch nahte sich, keine Spur eines lebenden Wesens zeigte sich, nicht einmal eine Krähe schrie oder eine Schalaster[1]. Endlos stieg das Tal, und der Bach plätscherte inmitten seiner weißen Ufer.

Auf einmal aber blieb Crispin stehen und beugte sich über eine Spur, die sich dicht vor ihm zeigte. Es war die Fährte eines großes Tieres, das eben erst über den Weg gekreuzt sein mußte, den Fichten drüben zu. Crispin stand und sah der Spur nach, wie sie sich drüben im weißen Winterwald verlor. Und noch immer, unermeßlich, leise raschelnd, fiel der Schnee.

Grausen überfiel Crispin auf einmal, etwas Furchtbares packte ihn, ratlos sah er vor- und rückwärts, nichts war da, kein Mensch ward sichtbar, kein Hund bellte, kein Essenrauch zeigte sich, nichts war da, als diese schreckliche Einsamkeit mitten im Walde und – – diese Spur.

Aber wohin nun? Den ganzen stundenlagen Weg weiter abwärts wandern? War es nicht sicherer, hier oben endlich auf eine Behausung, ein Jägerhaus oder eine Mühle zu stoßen? Nirgends klang eine Axt, wie doch sonst im Wald in diesen Novembertagen, kein Schritt war hörbar, es war, als ob dies alles hier, dieses unendliche einsame Tal verwunschen und verlassen sei.

1 Schalaster: Elster.

Er faßte seinen Knotenstock fester und lockerte das Messer in der Tasche, so, aufmerksam nach den Bäumen schauend, stieg er immer weiter und hielt sich in der Mitte des Weges: nicht aus der Wagenspur weichen, kann schon vor manchem Übel schützen!

Da öffnete sich das Tal, und vor Crispin lag auf einmal eine Mühle.

Ein zerwetterter aber stattlicher Bau, vom Buschwerk eingefaßt, rechts und links von einem verschneiten Waldhügel umgeben. Vor ihr, vom Schnee halb verweht, lag ein Mühlstein, der aussah, wie zerschnitten.

Ist ein übler Anblick, so ein zerbrochener Mühlstein, und erinnert an allerhand Teufelswerk.

Jetzt merkte Crispin auch, daß die Mühle stand.

Eben trat aus dem Stalle, der der Mühle gegenüberlag, ein Mädchen, den Melkeimer in der Hand. Blieb starr stehen, da es Crispin gewahrte und blickte so unverwandt auf ihn, daß ihm die steinerne Jungfer auf dem Berge in den Sinn kam.

Er ging auf es zu und befragte es nach dem Meister, es trat antwortlos mit bleichem Angesicht auf das Tor zu, aus dem eben der Müller kam, die Flinte im Arm. In seinen Augen lag das gleiche Staunen und Entsetzen.

Als Crispin seinen Gruß beginnen wollte, unterbrach der Müller ihn und fragte, ob er aus dem Walde heraufgekommen sei? Als Crispin bejahte, ward er noch starrer, und viel hätte nicht gefehlt, daß er die Flinte auf ihn abgedrückt oder ihn wieder in den Winterwald gestoßen hätte, über den nun langsam die Nacht sank.

Da kam noch ein Alter aus dem Hause und befragte Crispin genau nach Herkunft und Heimat und riet dann dem Müller, den Burschen zu behalten, zumal, seine Stimme ward leiser, man noch nicht wissen könne, was nun käme ... Und während die Blicke der drei Menschen noch immer voll Argwohn und Grauen an ihm hingen, ward es Crispin erlaubt, in die Mühle zu treten. Unten sollte ihm ein Lager gerichtet werden.

Es war dies aber der alte Gottlobel, der Müller, sein Tochtermann hieß Blom, und die Mühle war die Schwedenmühle.

Das blonde Mädchen war des Müllers Tochter Barbara.

In ihrem Halstuch war eine blaue Nadel, die wunderlich zu der Farbe ihrer Augen stand. Crispin meinte für sich, daß er noch niemals eine angenehmere Jungfer gesehen hätte.

Die Bloms wären vor Zeiten in dem großen Kriege[1] in das Land gekommen, erzählte der Alte, und der Eltervater[2] hätte sich hier die Mühle gebaut. Sei immer gut gegangen, die Schwedenmühle: so lange das Wasser lief, hätte das Mühlrad nie gestanden. Lägen allerhand Dörfer oben und weit und breit keine andere Mühle. Die Bauern brächten aber ihr Korn jetzt alle nach Ullersdorf[3] oder nach der Mühle im Mariengrund.

Crispin folgte dem Alten, der Müller war trübe beiseite gegangen, in das Innere und sah, wie wunderlich es war, da das Mühlrad stand. Denn dies war kein Stehen, wie es allerorten vorkommt und dem Knappen eine Freude ist, es war ein banges lähmendes Stehen und man sah, wie lange es schon währte. Kein Atemzug des Gewesenen war mehr da, kein heimliches Rütteln, kein weißer Staub, stumm und tot war alles, und aus dem Mehlbeutel lief eben eine Schar Ratten.

1 in dem großen Kriege: der Dreißigjährige Krieg.

2 Eltervater: Ältervater, Großvater

3 Ullersdorf: Dorf in Niederschlesien, heute Ołdrzychowice Kłodzkie in Polen.

Da wandte sich Crispin an den Alten und fragte, wie denn um Himmels willen dieses über die Mühle gekommen sei?

Der Gottlobel sah ihn unter den dicken grauen Brauen wieder durchdringend an und sagte, das werde dem Burschen ja noch deutlich werden, so er es noch nicht wüßte. Jetzt solle er aber helfen, denn zum Abend sei mancherlei zu tun, was man sonst in dieser Mühle nicht nötig gehabt habe.

Das große Tor war schon verschlossen. Er wandte sich zu den Luken und Fenstern, und Crispin mußte helfen, die Läden vorlegen und fest verrammeln. Drüben im Stalle brüllte das Vieh, aber es war nichts weiter zu tun, man mußte es seinem Schicksal überlassen.

Es ging treppauf, treppab, wieder huschte Rattengezücht, der Alte untersuchte und sperrte, aber Crispin war es auf einmal, als ob das Böse, vor dem man zitterte, schon längst in der Mühle sei ... Jenes Grauen, das ihn unterwegs angerührt hatte, faßte ihn von neuem, und er erzählte dem Gottlobel von jener Fährte im Walde. Der Alte sah ihm starr gerade ins Gesicht ...

Sie kamen wieder in die Stube, wo das Feuer brannte und der Müller und seine Tochter waren, und der Alte sagte zu ihnen, daß es in diesen Dingen doch auch noch Rettung gäbe und gerade einem Jüngling sei möglich, woran andere sich nicht mehr wagen könnten. Dieser Mühlbursche scheine ihm des Zutrauens wert, gerade weil er so wunderlich den Weg hier heraufgefunden, freilich könne man es auch anders nehmen und sagen, das Böse habe ihn heraufgeführt.

Da fragte der Müller langsam, ob der Vater denn nicht wüßte, daß die Rettung schon nahe?

Der Alte verzog den schmalen Mund und sagte nichts.

Crispin besann sich und fragte bescheidentlich wieder, was es denn mit dieser Mühle wäre?

In den ersten Herbsttagen habe es angefangen und seither sei es von Tag zu Tag, nein, von Nacht zu Nacht schlimmer geworden und was alles geschehen sei, das vermöge er sich vielleicht zu denken ...

Crispin überlief ein Grauen.

«Nein», stammelte er, «aber so sagt mir doch ...»

In dem Augenblick fuhren alles zusammen, drüben im Stalle brüllte das Vieh, und mitten darin, ganz nahe, wie von einem der Hügel, ließ sich ein entsetzlicher Schrei hören – –

Ein Ton, der Crispin das Blut erstarren und das Herz innehalten ließ – – und von dem er, wie ihm schien, dennoch schon gewußt hatte. –

Ein langgezogener Ton, als ob draußen mitten in der Nacht nicht ein Tier, sondern alles schreie, Wasser, Wald und Berg und alles Verborgene in ihnen – ein furchtbar drohender Ton alles Unbekannten und Unbegreiflichen war es – –

Alle beim Feuer waren weiß wie Schnee und zitterten und bebten, und der Müller richtete sich aus seiner gebeugten Haltung auf und sagte leise, ohne den Blick zu heben: «Gott helfe uns in Gnaden aus dieser Not – – –»

*

Es hatte damit begonnen, daß in dem Tale, durch das Crispin gekommen war, ein Kind, das Pilze suchte, von einem großen Tiere zerrissen worden war. Danach das Pferd eines Fuhrmannes, der zur Mühle wollte und der Fuhrmann selbst ... Und Garnhändler, Botengänger, Holzweiblein, Bauern, jeder, der sich noch im geringsten in jenes Tal wagte … Und immer näher war es gedrungen, bis das Vieh auf der Weide und die Hunde vorm Hause zerrissen worden waren, ohne daß man jedoch des Ungeheuers nur ansichtig werden konnte … bis Knechte und Mägde flüchteten und im Walde verschwanden, und die Mühle ganz vereinsamt wurde. Und näher und näher drang es und ließ nächtens diesen schrecklichen Schrei hören …

Gewiß waren allerhand Fährten gefunden, Wölfe erlegt und einmal sogar ein ganzes Nest aufgespürt worden, das war nichts Neues, denn das Gebirge wimmelte von solchen Tieren, aber das Unheil hörte nicht auf, immer und immer erscholl nächtens der schreckliche Schrei …

Crispin war aus seiner Heimat die Wolfsplage auch wohlbekannt, dort gab es keinen Winter ohne die ungebetenen Gäste und selbst im Sommer war man nicht immer sicher. So hatte Crispin selbst einmal in einer alten Obsthütte des Scheffelmüllers auf dem Feld ein Wolfslager mit fünf Jungen gefunden und die dünnen Grauhunde einen nach dem anderen erschlagen … Nie vergaß er des eigentümlichen wilden Wolfsblickes …

Aber war das, was er draußen im Walde gesehen hatte, wirklich eine Wolfsfährte gewesen?

Und war das, was er gehört hatte, wirklich die Stimme eines Wolfes? – –

Er wußte doch – – –

Hatte es schon im Walde gewußt – – –

«Es steht schlimm mit uns», sagte der Müller.

«Du denkst nicht an die Jagd», sprach Vater Gottlobel.

Er wandte sich zu Crispin.

Nun wäre Jagd. Große Treibjagd, da Schnee gefallen sei … Der ganze Wald werde umstellt, da könne es doch sein, daß der Plage ein Ende bereitet werde …

Aber er sagte es zögernd, als ob er selber nicht daran glaube, und wie zur Antwort erhob sich draußen, dicht bei der Mühle, auf dem Berge, wieder jener schreckliche Ton – – –

«Ob sie den wohl finden?» sprach der Müller.

*

Es war Treibjagd.

Alle Fährten waren ausgespürt, der ganze Wald mitsamt dem Tal umstellt und von Netzen und Lappen umzogen worden. Aus allen Dörfern ringsum waren die Bauern aufgeboten und verteilt, von weither waren die Jäger gekommen. Gegen Mittag begann die Jagd mit Hörnerklang, man hörte es bis zur Waldmühle. Voller Spannung und Aufregung harrten alle, der Müller, Crispin und selbst der Alte. Je mehr sie den Lärm vernahmen, desto mehr wachte Hoffnung auf. Immer näher kamen das Hundegebell, das Geschrei der Treiber, der Hörnerklang. Ja, diese ganze Einsamkeit war davon durchgellt, nichts konnte sich heute verbergen.

Eben kam der Forstläufer aus Stephansdorf[1] heran und rief ihnen durchs Fenster zu: «Drei haben sie schon!»

Drei Wölfe! Crispin wandte sich freudig, da sah er das seltsame Gesicht der Jungfer, und es trieb ihn auf einmal hinaus: die Jagd mit ansehen, mitmachen und vielleicht mit eigener Hand jenen töten, den sie wohl immer noch nicht hatten. Fast war es ihm, als ob es nur ihm gelingen könnte!

Er sprang hinaus, suchte sich einen Platz … Der Schnee war schon von eilenden Füßen verwirrt, aber da … Crispin

1 Stephansdorf: Ortschaft im Kreis Neisse, heute Radzikowice in Polen, Woiwodschaft Oppeln.

bog sich vor … lief da nicht dennoch jene große Fährte …? Und schlich sie nicht wieder den Berg hinauf? Da raschelte es neben ihm im Strauchwerk, in jäher Flucht gegen den Wind schoß ein grauer Schatten heran … Crispin feuerte und traf nicht … Der Schatten verschwand im Walde.

War es jener? War er es?

Crispin fand die Fährte von neuem und drang weiter, das Licht ließ nach, schwachblau schimmerte der Schnee … Crispin verlor die Spur und fand sie wieder, ja, auf jenen Berg, von dem der Schrecken geschrien, führte sie hinauf.

Da oben …?

Auf einmal pfiff eine Kugel an Crispins Kopf vorüber, ja, von dem Berge herab … Schuß auf Schuß, er mußte sich ducken, haardicht sauste es an ihm vorüber.

Dann kamen die Jäger heran. Der Forstrat war dabei und schrie Crispin zu, ob er denn selber der Wolf sei, daß er sich in die Schützenlinie wage …?

Der Angabe Crispins, daß eben ein Wolf hier hinaufgestürzt sei, schenkte man keinen Glauben.

Die Jagd war zu Ende. Die Beute ward besichtigt, der Forstrat und der Graf waren zufrieden: drei Wölfe, zwei starke Wölfinnen, ein Bastard.

Der Forstrat klopfte dem Müller auf die Schulter: «Nun kann Er ruhig schlafen. Das Märlein auch …»

Der dankte untertänigst.

Die Menschen verloren sich, die Nacht senkte sich wieder über die Mühle im Walde.

Morgen sollte scharf gemacht werden, das Korn würde nun wohl bald kommen, denn jetzt würden sich die Bauern wieder in das Tal wagen.

In der Frühe wollten sie auch daran gehen, alles Gezücht, das sich eingenistet hatte, zu vernichten. Alles sollte in Ordnung kommen. Morgen klapperte das Werk.

Der Müller war lebhafter. Ja, war nicht das Vieh drüben im Stall viel ruhiger als in den anderen Nächten?

Der Gewohnheit folgend, waren noch alle Fenster verrammelt worden. Das Veränderte des Waldes, die Luft dieses Jagdtages, das heimlich Zerstörte der Einsamkeit, der Rest des Pulverdampfes und des Rauches der Fackeln und Feuer war noch deutlich spürbar.

Crispin ging in seine Kammer, der Müller hatte mit ihm gesprochen, er könne bleiben, so lange er wolle, die Arbeit ginge ja nun wieder an.

Aber kaum hatte er sich aufs Stroh geworfen, als er hochfuhr wie angepackt: ganz nahe, fast über der Mühle, kam schon wieder, aber noch schrecklicher und drohender jener Schrei …

*

Als Crispin am Morgen nach unten kam, fand er starre bleiche Mienen. Alle Freude war erloschen. Der Müller dachte weder an den Mühlstein noch an die Mahlgäste. Auch nicht mehr an das Gezücht, das man in diesen Nachtstunden heftig hatte springen hören.

Es war klar, daß er nicht getroffen worden war. Er war noch da.

Crispin merkte, daß der Müller nicht mehr mit ihm sprechen wollte. Die Jungfer aber sah ihm mit eigentümlicher Miene nach. Crispin ging zu dem Alten, da schwieg der erst auch, kraute sich unter der Kappe, schaute bedächtig und sprach dann also: «Ich kann dir nichts Böses ansehen, so ist es …»

Jetzt begriff Crispin erst.

«Ihr glaubt doch nicht, daß ich …», stieß er hervor. «Wie oft hab' ich hier mit euch gesessen, während der …»

Der Alte hob die Hand.

«Still, um Jesu willen still ... Weißt du nicht, daß man den Namen nicht nennen darf? Wenn du ihn gestern im Walde genannt hättest, du hättest keinen Atemzug mehr tun können. Er zerreißt jeden, der ihn nennt. Aber es scheint so, er will uns zerreißen.»

«Ich will euch helfen», sagte Crispin.

«Was könntest du tun, da alle Jäger mit ihren Büchsen nichts erreichen konnten?»

Crispin schwieg.

«Jetzt wird es noch schlimmer», fuhr der Alte fort, «weißt du nicht, was jetzt kommt? Nach der heiligen Weihnacht die zwölf Nächte[1]? Weißt du nicht, daß er in diesen Nächten am mächtigsten ist?»

Crispin sann nachher lange. Wußte wohl, hütete sich aber den Namen auch nur in Gedanken zu nennen: das ist der Werwolf. Wer drüben in Böhmen als neunter Sohn einer Mutter geboren ist, muß sich zu gewissen Zeiten in einen Wolf verwandeln. Seine Großmutter hatte einmal von einem erzählt, der sein schreckliches Wesen vor hundert Jahren im Oderwalde getrieben hatte. Wußte nun auch, warum ihn der Müller beim Kommen so genau ausgefragt hatte: schon damals hatten sie Verdacht auf ihn gehabt, weil er so ungefährdet durch das furchtbare Tal gekommen war ... Wußte nun auch, warum der Schneider Balthasar nicht weiter hatte mitgehen wollen: dem hatte schon in jener Stadt jemand von dem bösen Spuk erzählt ...

Crispin ging zur Jungfer.

«Barbara, glaubt mir und sagt's dem Meister, ich bin nicht der, den ihr in mir vermutet, da ich gerade jetzt zu

1 zwölf Nächte: die sog. Rauhnächte bzw. zwölf heiligen Nächte zwischen dem 25. Dezember bis zum Dreikönigstag am 6. Januar.

euch kommen mußte. Bin ein Müller wie alle, aus der Mühle in der Krümme fort …»

«Weiß», sagte sie langsam, «Ihr seht nicht so aus …»

«Ich sehe nicht so aus …! Und ich bin's nicht. Und war dem gestern auf der Fährte. Aber er verstand sich zu bergen. Ich sage Euch aber, ich finde ihn doch!»

«Oh», sprach sie leichthin, in einem sonderbaren Tone, mit plötzlich aufflimmernden Augen, ganz laut ins Leere, «o ja, ich möchte auch wissen, wer der Werwolf ist!»

Crispin rang die Hände.

«Jungfer Barbara.»

Sie lächelte.

«Gut, daß wir hier sind. Aber geht nicht … um Jesu willen geht jetzt nicht einen Schritt …»

Er blickte sie noch immer an.

So hatte er sie doch nicht gekannt? Hatte die Jagd sie so aufgeregt? Oder die ewige Angst …?

«Jungfer …»

Er verstummte plötzlich.

Es hatte an das Tor gepocht.

Und ehe sie ein Wort sagten, öffnete es sich und es trat einer ein. Ein Jäger, einer von denen, die gestern im Wald gepirscht hatten, Crispin schien es fast, als ob er unter jenen gewesen sei, die mit dem Forstrat und dem Grafen von jenem Berge herabkamen. Es war ein hagerer Mann, von feinem Aussehen und nobler Jagdausrüstung.

«Verzeiht, Jungfer», sagte er nun zu dem Mädchen, «daß ich hier eindringe. Aber ich weiß, daß eure Not noch nicht verschwunden ist, der Jäger oben an der Hütte sagte es mir …»

Sie schwieg, ohne sich zu rühren.

Eben kamen der Müller und Gottlobel. Auch sie starrten mit großen Augen auf den Fremden.

Der wies ihnen seine Jagdausrüstung und erklärte sich bereit, den Wolf zu töten, der noch immer um die Mühle sein Wesen treibe. Darum bäte er um Quartier in der Mühle und versichere, daß er so wenig wie möglich Beschwerde verursachen werde.

Sein Ton war ein wenig ungelenk und fremd, aber doch höflich. Und so stattlich sein Zeug war, man sah doch, daß er sich viel im Walde aufgehalten. Überdies zog er ein Papier aus der Tasche, auf dem der Name des Grafen und sein Sigillum waren, die der Müller als die seines Grundherrn erkannte.

Es war nicht anders, so ungewiß man sich anschaute, dem Fremden mußte Obdach gegeben werden. Es war vielleicht ein Trost, in allem Schrecklichen nicht mehr allein zu sein. Konnte es nicht doch sein, daß alle Not nun ein Ende hatte ...?

*

Der Fremde lud seine Büchse, sprach davon, sofort der unbekannten Bestie nachzuspüren und ging mit dem Einbruch der Dämmerung fort, ohne Furcht noch Grauen, wie es schien.

Sie warteten, vernahmen aber nicht, wann er wiederkehrte. Er ging leise die Stiege hinauf in die Kammer, die ihm gerichtet worden war, ruhte sehr lange, war endlich wieder sichtbar und sprach lächelnd von dem fatalen Ausgang dieses ersten Versuchs, denn der Unhold sei ihm wahrhaftig nicht vorgekommen.

Es war auch in dieser Nacht die Wolfsstimme nicht zu hören gewesen.

Aber warum suchte der Fremde in allen möglichen Augenblicken die Barbara? Warum ging er ihr kaum von der Seite, wenn er in der Mühle weilte und ausgeschlafen hatte? War sie es, die der Wolf überhaupt begehrte und hatte sich um sie überhaupt das ganze Spiel entsponnen?

Crispin schien es, als ob alles Merkwürdige, das er schon verspürt, sich noch von Stunde zu Stunde verstärkte, aber in ihm wehrte sich etwas und suchte das unheimliche Netz zu zerreißen.

Immer wieder hielt er sich an das Wunder, das ihn ungefährdet in dieses Tal geführt und schöpfte hieraus die Hoffnung auf seinen Sieg.

Allerlei Pläne keimten in ihm, wenngleich er sie nicht laut werden ließ. Mit aller Vorsicht beobachtete er den Fremden, konnte ihm aber niemals recht nachkommen, da der Jäger immer nur erst bei Einbruch der Nacht die Mühle verließ.

Aber einmal war er doch etwas früher fortgegangen und der Mond wollte kommen, so daß Crispin seine Spur verfolgen konnte. Sie ging wirklich nach jenem Berg, von dem die Stimme so oft hörbar gewesen war. Der Fremde hatte nur wenige Minuten Vorsprung, so daß Crispin glaubte, ihn auf der Höhe zwischen den Tannen bald wieder deutlich zu erkennen. Aber er sah ihn nicht, ging langsam weiter, hörte den letzten Tagesschrei der Raben, sah das große Gestirn drüben langsam über den Berg kommen, aber gewahrte auf dem locker verschneiten Weg nicht eine Spur mehr von dem Schritt des Jägers.

Wohin hatte er sich gewandt? Wo dachte er von hier aus dem unbekannten Unhold zuleibe zu gehen?

Crispin spähte und spähte. Ein kalter Schauer glitt durch ihn.

Er tat noch einen Schritt weiter und erschrak, denn dicht vor seinen Füßen sah er auf einmal die Wolfsfährte beginnen, die frische Fährte eines riesengroßen Wolfes ... Da schlich sie unter den Tannen hin ...

In Grausen wandte sich Crispin, ihm war, als ob der Schreckliche ihn schon gewahrt und inmitten der finsteren Tannen bereits auf dem Sprunge sei ... Warf sich herum und stürzte in heftigem Satze ins Haus zurück, der Barbara, die ihm entgegentrat, es laut ins Gesicht rufend: «Er ist der Wolf!»

*

Mit bleichen Gesichtern sprachen sie dann alle miteinander. Das Unheil, das so lange gedroht, war nun in die Mühle gedrungen. Was würde nun geschehen? War noch eine Stunde Ruhe möglich?

Der Müller, dessen Haar in diesen Wochen schneeweiß geworden war, schüttelte immer wieder den Kopf. Noch mochte er es nicht glauben. Wie viele solcher Märlein gab es, aber was war an diesen Geschichten dran? Konnte der Fremde nicht doch ein ehrlicher Jäger sein, und Crispin neben der des Wolfes seine Fährte nur übersehen haben? Es war doch sichtlich, daß er sich vor allem der Jagd zuwandte. Manches Stück hatte er ihnen so schon ins Haus geliefert. War da solches Schreckliche überhaupt denkbar?

Die Barbara, die aufmerksam zugehört hatte, sagte plötzlich ruhig: «Er ist es nicht.»

In ihrem Anlitz war etwas Seltsames.

«Ihr braucht ihm nichts nachzusagen!»

«Dieser ...», sagte Crispin warnend.

«Oh, wer weiß, wer der Grauenhafte ist und das Böse erst zu uns gebracht hat», rief sie heftig.

«Aber merkt Ihr denn nicht, Jungfer, daß ... jener nicht heult, wenn der Jäger unter unserem Dache ist?»

«Er hat schon lange nicht mehr geheult. Es könnte ja sein, daß er den Jäger fürchtet und überhaupt», sie zögerte, «überhaupt davongegangen ist ...»

«Jungfer, Jungfer ... merkt Sie denn nichts ...?»

Sie warf den Kopf zurück.

«Und wenn es so wäre ... Wenn er es wäre?»

«Jungfer Barbara ...»

«Nun, so mag er der Wolf sein», sprach sie mit einem Atemzug.

Der Müller rang schweigend die Hände und blickte die anderen an.

«Wir sind in einer bösen Schlinge», sprach Crispin zu ihm hin, «aber ich hoffe doch noch, daß wir uns aus ihr befreien.»

Sie sah spöttisch zu ihm.

«Wir können ja noch einmal die Probe machen ...»

«Was wollt Ihr tun, Jungfer Barbara? Wißt Ihr nicht mehr? Schon einmal rieft Ihr ...»

«Morgen ist Weihnacht», sprach sie, als ob sie nichts gehört hätte. «Und hernach geht der Herr wohl wieder auf die Jagd ... Und wenn er dann fort ist – –»

«Jungfer, wißt Ihr denn nicht, was dann beginnt?» rief Crispin.

«Die Zwölften», sprach sie. «Ja, und eben darum soll es sein. Dann will ich», ihre Zähne zeigten sich zwischen den Lippen, «dann will ich den Wolf mir rufen – – –»

«Gott sei uns gnädig», sprach der Alte.

*

Alle versuchten, der Jungfer diesen Vorsatz auszureden. Und hofften auf die Gewalt der Zwölften. Dann würde der Barbara das frevelnde Wort doch nicht über die Lippen gehen. Wenn die Berge und der Wald draußen standen, wie sie nur in den Zwölften stehen, dann wagte der Mensch und vor allem keine zarte Jungfer, was man nicht wagen soll.

Es geschah nimmermehr – –

Der heilige Abend nahte, der Fremde war in den Wald gegangen.

Als er nicht mehr zu sehen war, rief der Müller alle zusammen und sprach das Weihnachtsevangelium aus dem alten Buche, wie es sein Vater und der Elternvater, der Schwedenmüller, gesprochen hatte. Zur Kirche hinab konnten sie nicht, aber in dieser Stunde war es, als ob das Böse sich immer mehr und mehr von diesem Dache entfernte, als ob es ablassen müßte, wenn man sich tapfer hielte. Ja, in dieser Stunde war es, als ob es sich weit, weit in den fernsten Klüften verberge und als ob draußen, wo die Luft ganz still war und die Sterne schienen, alles voller Freude und Herrlichkeit sei.

Crispin suchte mit seinen Blicken das Antlitz der Jungfrau, aber sie schaute an ihm vorüber, und es war nicht zu erkennen, woran sie dachte.

Am anderen Tage war der Fremde da, aber es schien, als ob er noch bleicher und unsteter sei. Packte und kramte lange oben und kam dann mit Mantelsack und Büchse herunter und sprach, daß er beschlossen habe, zu scheiden. Der Wolf gäbe nicht mehr Laut und es sei auch keine Spur mehr von ihm aufzufinden, also sicher, daß er in ein anderes Revier gewechselt sei.

Sagte noch Etliches, die anderen sagten nichts.

Sah die Jungfer an, die sagte auch nichts.

Ging aus dem Tor und den langen Weg ins Tal hinab und war bald aus allen Blicken verschwunden.

In der Mühle hob man die Köpfe.

Der Müller kam aus der Hinterstube, wo er verweilt, hervor, seine Blicke forschten bedächtig in die Weite draußen. Der Alte ging in der Mühlstube hin und her, und auch seine Augen waren unruhig hinausgerichtet. Die Jungfer saß am Fenster und sagte gar nichts.

Crispin prüfte Stein und Gänge, schob und rüstete: vielleicht war alles Unheil nun vorüber.

Stunde um Stunde verging.

Der Fremde kam nicht wieder.

War es nicht auch, als ob das Vieh da drüben freier und fröhlicher sei und als ob die vielen Raben und Krähen, die immer um die Mühle gelungert hatten, verschwunden seien, war es nicht, als ob der Himmel von neuem jene Helle gewinnen wolle wie in der heiligen Nacht zuvor?

Der Gottlobel ging zum Bord in der Ecke und langte das alte Bibelbuch wieder hervor. Der Müller trat an seine Seite und wollte eben wieder die frommen Worte sprechen, die er am vergangenen Abend gesagt.

Da erhob sich die Jungfer und, die Pforte öffnend, rief sie ins Weite hinaus: «Werwolf, wer du auch seiest, zeige dich!»

In der Mühle waren erst alle still, wie gelähmt, dann riß der Müller die Frevlerin hinweg und schmetterte das Tor zu. Und wollte von neuem die frommen Worte suchen, da machte ihn eine erschrockene Bewegung des Alten verstummen.

Und nun sahen sie, wie der Himmel sich verändert hatte und noch immerwährend veränderte. Die lichte Helle verlosch, jedes Sternlein verschwand, Wolkengerinnsel tauchte auf und quirlte unruhig hin und her und schob sich schuppig durcheinander. Ein fernes, leises Pfeifen erscholl.

Und auf einmal senkte es sich über die Mühle, wie Wald und Berg und Finsternis, nichts mehr von Sternenschein und heiliger Weihnacht, das andere ist auf einmal hereingebrochen und zerrt und reißt und heult. Ein ungeheurer

Sturm ist in der Luft und die Wolken jagen, es sind nicht Wolken mehr, es ist etwas anderes. Um Jesu willen, man sieht es deutlich in dieser Mühle; was da oben zieht, ist ein Heer, ein ungeheures Heer von Schatten. Reiter und wieder Reiter tauchen auf und jagen und Hunde und andere Gestalten, wie Schatten von Seelen jagt es da oben dahin, Pfeifen, Pfeifen und wieder Pfeifen, Schatten auf Schatten, Reiter auf Reiter, die ganze Luft ist voll davon. Ein großes Heer ist aufgestanden, kommt aus den Klüften und zieht immer gewaltiger droben. Ja, das andere ist hereingebrochen, die Zwölften sind da und die wilden Götter und Geister der Zwölften – – –

Und mitten darin auf einmal ein Heulen, ein Heulen.

Sie starren einander an.

Das ist der Wolf.

Da ist er wieder.

Da ist der eine, der um die Mühle heulte. Da ist er und kommt immer näher, kommt mit dem eilenden Heere da oben und schreit und ruft um die Mühle … und mitten darin ein Schlagen an die Pforte, ein Hämmern wie von Fäusten, mitten in allem Heulen ein Ruf – – –

Noch einmal ein Sturmesstoß und jetzt wieder der Ruf, eine Stimme aus dem Ungeheuren – – Sie sehen sich mit todweißen Gesichtern an, der Alte läßt die Bibel zu Boden fallen, alles, alles vorüber, das Unheil ist da –

Da schlägt es die Fäuste gegen die Tür und ruft:

«Jungfer Barbara – Jungfer Barbara – – Barbara – –»

Sie öffnet die Pforte.

Es ist der Fremde, der Jäger.

«Der … Herr», sagt der Müller keuchend.

«Das Wetter ist mir über den Hals gekommen», sagt der Fremde, sich das Wasser aus den Augen wischend, «war noch nicht aus dem Walde, muß irre gegangen sein …»

Wie sieht er aus!

Sein Kleid ist zerrieben und zerrissen, als ob er sich durch die fürchterlichsten Klüfte und Abgründe gedrängt hätte oder als ob er von einer Meute gejagt wäre. Schnee und Wasser tropft von ihm herab und eine Luft geht von ihm aus, so eisig, so sonderbar, daß es alle durchschauert.

«Der Wolf begegnete mir», murmelte der Fremde.

Alle horchen nach draußen. Alles heult im Sturme, aber kein Wolf, jetzt kein Wolf mehr – – –

Crispin starrt auf den Fremden, dessen Kleider zu dampfen beginnen, er denkt, wenn es doch wäre, dann könnte man des Grausens ledig sein – – –

Aber es steht in der Mühle, es ist unter diesem Dache, wie noch nie, es ist kein Unterschied zwischen hier und draußen, keine Mauer mehr, die da trennt, kein Laden mehr, der da deckt … hier drinnen sind Wald und Berg und Fels und die Zwölfnächte.

Sie sind verloren. Sie haben das Böse unter ihrem Dach.

Alle wissen es jetzt, der Müller, Crispin und Gottlobel.

Nur die Barbara nicht.

Oder will sie es nicht wissen, selig, daß sie ihn nur wiedersieht …?

Und draußen tobt der Sturm.

Was tun? Was tun? denkt Crispin.

Der Fremde geht nach oben in sein Quartier, auf der Stiege springt Rattengezücht an ihm vorbei, ja, die haben gute Stunden jetzt in diesen Nächten.

Der Sturm streicht wieder durch die Tannen, etwas senkt sich und ist nahe, etwas streicht heran und ist bei ihnen – –

Der Müller geht seiner Tochter nach, als die sich zur Ruhe begibt. Hat nichts mehr gesagt, die Barbara, aber in ihren Augen steht der sonderbare Schein. Sie tritt in ihre Kammer und schiebt den Riegel vor, der Müller hört es und kommt zurück. Geht zur Stiege, die nach oben führt, und löst einen Balken, der in alten Zeiten den Weg nach unten hemmte, und so ist der Werwolf für den Augenblick abgesperrt. Und doch nicht abgesperrt, denn wer kann ihm wehren?

Sie beraten. Wo ist noch Rettung? Wo kann sie noch sein in dieser furchtbaren Nacht?

Der Gottlobel murmelte mit zitternden Kinnladen dieses und jenes. Und ob er so vieles wußte, jetzt weiß er nichts.

Dumpf sieht er immer den Crispin an.

Der Müller ist ganz zusammengebrochen und starrt vor sich hin, als ob er die Zähne des Werwolfes schon im Nakken spürte.

Dann springt er auf.

«Zu denken, die fromme Stunde brachte ihn hinaus und diese Dirne – – –»

Crispin faßte leise seine Hand.

«Wir müssen ihn aus dem Hause schaffen, ehe es Tag wird», sagt er.

Der Müller richtet sich auf. «Wenn wir drei fliehen würden noch in dieser Nacht? Und die beiden ließen … ob das nicht ginge?»

«Ich will ihn fortschaffen», spricht Crispin mit festem Entschluß.

«Wie denn?» sagt spottend der Müller, während der Alte den Blick zagend auf den Burschen richtete.

«Ich gehe zu ihm …», sagt Crispin zwischen den Zähnen.

«Du kannst ihn nicht töten», raunt der Alte, «am wenigsten in diesen Nächten – –»

Crispin schweigt. In ihm ist ein anderer Plan. Er ist nicht umsonst aus dem Bartschland, dort weiß man viel von solchen Geschichten. Aber er sagt nichts und verbirgt es sogar in seinen Gedanken, damit es nicht zu dem da drüben dränge.

Er sieht nach dem Himmel. Es muß nicht weit vom Morgen sein. Die Jungfer schläft wohl noch. Gott gebe, daß sie schläft. Er wird leise an ihrer Tür vorübergehen und … leise dann auch mit dem … anderen.

Der Gottlobel kommt ihm nach. «Du willst etwas tun?»

«Ich will etwas tun», sagt Crispin, als ob es ihn einer geheißen hätte. Und immer ist jener eine Gedanke in ihm: ich bin hierhergekommen, um zu retten!

Er hat einen brennenden Kienspan in der Hand, mit dem steigt er leise nach oben. Vorsichtig legt er die Stange beiseite und geht an der Kammertür der Barbara vorbei, und es wird nach oben immer finsterer und wieder ist ihm, als ob er hier nicht in der Mühle sondern mitten im dichten Wald und Gebirge sei. Er atmet schwer und seine Arme zittern und alles in ihm treibt ihn weg von dem Namenlosen, dem er doch nicht entfliehen kann. Allerhand geht ihm durch den Kopf, während er ein paar Sekunden zaudert, und dann ist es ihm doch, als ob es um die rechte Stunde sein müßte, und lange darf er nicht mehr warten, sonst erwacht der Fremde und …

So geht er in die Kammer des Jägers. Die Flamme des Kienspans hat er vorher zerdrückt, damit sie den Schläfer nicht reize … an dem Licht, das durch das Fenster kommt, sieht er doch, daß er die rechte Stunde getroffen hat, die um das Morgengrauen, in der aller Spuk machtlos wird.

Da liegt der Fremde auf seinem Lager und schläft tief. Die haarigen Arme liegen auf der Decke, das bärtige braune Gesicht sieht ganz klein und verfallen aus. Ja, es ist die rechte Stunde …

Er rüttelt den Mann an der Schulter.

«Gnädiger Herr, aufstehen, es ist um die Zeit.»

Der spitze Kopf wirft sich herum, ein blöder grüner Blick trifft den Rufer.

Ein Fluch in fremder Sprache.

«Aufstehen, gnädiger Herr, die Pferde sind bereit. Gnädiger Herr wollten fort.»

Der Schläfer fährt hoch.

Crispin sieht die ganze Gestalt, die nicht der Wolf ist und es ... doch sein muß.

«Gnädiger Herr müssen fort», wiederholt Crispin und ruft ihn dann noch einmal an: «Auf!»

Oh, wie langsam der sich umschaut. Wie träge, wie blöde. Es ist recht. Crispin fühlt, es kann getroffen sein. Die Stunde um das Morgengrauen ist die einzige, in der der Werwolf ein schwacher Mensch ohne jede Erinnerung ist. Müde, matt und feig ist er dann und man kann mit ihm machen, was man will.

Aber man muß sich eilen. Denn je höher der Tag steigt, desto mehr erwacht auch das ... andere wieder und dann, gnade Gott ...

Der Fremde erhob sich und folgte allem, was Crispin befahl.

Oh, er sollte heute noch weit kommen. Crispin selbst wollte ihn geleiten, so weit es ging. Wenn es ihm nur gelang, ihn über das Wasser zu bringen, so mochte er später wollen, was er wollte: er konnte dann nicht wieder zurück. Denn so ist das: man weiß, es gibt nicht viel von solchen Dingen, das übers Wasser zurückkam.

Ich bringe ihn über den Bach, dachte Crispin, während er dem Fremden beim grauen Lichte half, als ob er ein gelernter Kammerdiener sei und berechnete den Weg. Dann soll die Spur nicht mehr in diesem Tal erscheinen und man soll nichts mehr ... hören.

Aber schnell, schnell mußte es geschehen, in diesen Minuten, ehe der Tag kam …

Er sagte rasch: «Gnädiger Herr dürfen sich nicht verspäten, haben gnädiger Herr gesagt.» Und hing sich eiligst des Fremden Mantelsack und Büchse um. «Kommen gnädiger Herr doch nur, wir müssen, wir müssen …», er schrie ihn fast an, um das Gehirn des Taumelnden zu beherrschen, und führte ihn die dunkle Stiege hinab … Oh, es war der leise Wolfstritt doch dazu gut, leise an der Kammer der Barbara vorbeizukommen!

Mit dem Fremden ging noch immer dieser Geruch nach Wald und Berg und Tier, und Crispin graute es fast zum Umfallen.

Aber er war ganz der aufmerksame Diener und jener der gnädige Herr. Ging ganz wie gewohnt, neben dem Müllergesellen, der ihn führte, her.

Hier konnte er ihn nicht über den Bach bringen, weil das Eis nicht stark genug war. Es galt eine Brücke zu finden, ehe es Tag wurde.

Sie tappten durch den Schnee, Crispins Herz schlug. Der Fremde hielt den Kopf geneigt, seine Schultern hingen schlaff. Crispin erzählte, daß die Pferde drunten am Bach warteten und riß ihn so immer weiter mit sich fort.

Es ging bergab. Der Sturm hatte aufgehört. Eine der bösen Nächte war vorüber. Es ging in dieses Tal hinab, das Crispin kannte … dorthin, wo der Steg war. Crispin dachte dabei an den Müller und den Gottlobel und wie sie in der Mühle harren mochten.

Crispin erschrak fast.

Da war der Steg.

So jäh war er herangekommen.

Fast schien es, als ob sie in das Tal hinabgestürzt seien.

Ein wenig Schnee stiebte vom Himmel herab, es ward heller.

Der Fremde richtete sich auf einmal hoch, sah träge über den Schnee und blickte dann plötzlich Crispin ins Gesicht, während in seinen noch betäubten Blicken ein halber Schein erwachte … Ein Flackern und Züngeln war es, und Crispin erschrak und stieß den anderen heftig dem Steg zu, dabei sagend:

«Hier ist der Weg, gnädiger Herr, und drüben stehen die Pferde.»

Aber wie der Fremde den ersten Fuß auf die Bohlen setzen wollte, scholl plötzlich ein Laut durch den Wald, von weit her, und noch einmal, deutlicher, und dann zum dritten, laut und klagend:

«Werwolf … Werwolf …»

Da ging ein Zucken durch die gebeugte Gestalt des Fremden, eine Sekunde starrte ein ungeheuerlicher Blick dem Crispin ins Gesicht, ein Stoß traf ihn, daß er die Besinnung verlor und zu Boden stürzte.

Als er aufwachte, war es totenstill.

Das war das Tal, wie er es gekannt hatte, als er hier heraufgekommen war, in weißer Einsamkeit. Da war der Bach, leise plätschernd zwischen seinen weißen Ufern, hüben und drüben war der Wald in Schweigen.

Crispin wußte sich einen Augenblick nicht zu besinnen: war der Fremde über die Brücke gegangen? War er fort? Oder … oder …?

Was war denn nur? Was war denn geschehen? Crispin schien es, als ob alle Betäubung, die über dem fremden Jäger gelegen hatte, jetzt auf ihn übergegangen sei.

Der Tag war heraufgekommen, wintermorgenhell war das Tal.

Da bückte sich Crispin und sah zu seinen Füßen jene Spur, dieselbe Fährte, die er gesehen hatte, als er kam.

Hier lief sie in den Winterwald.

Und er drang ihr nach, sie brach durch dick und dünn, durch die einsamsten und furchtbarsten Winkel. Und an einem Platz, dessen Einsamkeit Crispin sich vorher nicht hatte ausdenken können, den vorher vielleicht noch niemals eines Menschen Fuß betreten haben mochte, fand er die Barbara im aufgewühlten Schnee mit durchbissener Kehle tot.

Die Fährte war aber von da an verschwunden, und man konnte sie auch nicht wiederfinden. Von der Stunde an hat man auch den Wolfschrei nicht wieder gehört, auch den fremden Jäger nicht mehr im Tale gesehen.

Es war still in der Waldmühle, noch stiller als es vordem gewesen.

«Du hast nicht helfen können, Crispin», sagte der alte Gottlobel, «obwohl du es dir so stolz vornahmst. Mir scheint es sogar … mir scheint es, du bist selbst dabei in die Gewalt der bösen Mächte geraten!»

DER WEG DER HEILIGEN WALPURGIS

Crispin verließ die Waldmühle bald. Hinab ins Tal, nichts mehr von diesem Walde, nichts mehr vom Gebirge, in dem so Schreckliches geschehen und in dem ihm selbst so seltsam mitgespielt worden war. Wenn das nun wahr war, was der Alter sagte, so wollte er sich bald davon befreien.

Er eilte.

Es war derselbe Pfad, den er den unheimlichen Jäger hinabgeführt, aber jede Spur war jetzt im Tauschnee erloschen. Er kam bis zur Brücke, wo sie gewesen war, denn die Wasser hatten sie hinabgerissen und wälzten sich nun über den Weg.

Fast schien es ihm doch, als ob nicht alles um ihn so ganz geheuer sei. Manchmal war es, als ob sich an Hindernissen nur finde, was sich finden lasse. Da versank er im Schlamm, da lagen Bäume vor ihm hingestürzt, jetzt stürzte er und die Wasser gurgelten nahe vor ihm … Mehrmals fuhr, wie von unsichtbarer Hand geschleudert, ein dicker Stamm dicht an ihm vorbei. Der Schnee stiebte, Eis hagelte auf ihn, Regen sauste, alles Dickicht der Tannen drohte ihm, aber er rang sich vorbei, ihn trieb der Wunsch, bis zur Nacht aus dem Walde zu sein.

Und er kam tiefer und tiefer, er spürte, langsam wich das Unheimliche. Er kam in Gegenden, die von Menschen bewohnt waren, Holzschläger und Weidburschen begegneten ihm, er merkte, daß er auf richtigem Wege war. Gedachte nach seiner alten Mühle in der Krümme zu wandern, um dort, wo es ihm behagt hatte, wieder für eine Weile einzustehen, da war nichts Böses.

Da, als er eben aus dem Walde treten wollte, kamen ihm ein paar fahrende Komödianten in den Weg, ein Mann, zwei Weiber und hatten einen mächtigen Bären an einer Kette bei sich. Crispin erschrak unwillkürlich, als er ihn erblickte, und jener andere Unhold im Walde fiel ihm ein.

Als die Fahrenden mit ihm anzubinden suchten, gab er ihnen eine gütliche Antwort und wollte seines Weges weitergehen, denn er sah in der Ferne schon das Dach einer Mühle, in der er Einkehr halten wollte. Da gewahrte er auf einmal, daß der riesige Bär, von der Kette gelöst, lautlos hinter ihm drein trottete. Die Fahrenden, besonders der Mann, der nur ein Auge hatte, standen und lächelten eigentümlich, das Tier richtete sich vor Crispin auf und tanzte und tanzte, und drängte ihn dabei immer mehr dem Walde näher. Da war auch der Mann an Crispins Seite und raunte, ob es den Bruder nicht gelüste, mit ihnen zu ziehen?

Crispin aber antwortete, daß es einen ehrsamen Müllergesellen nicht mehr nach solchen Fahrten zöge. Er rannte das Tier mit einem mächtigen Sprung auf die Seite und schwang sich vorwärts und schoß in wilden Sätzen davon, bis er die Mühle unten am Weg erreicht hatte.

Da er aber eben die Hand auf die Pforte legte, erscholl plötzlich drüben hoch aus dem Walde ein gellendes lautes Gelächter, das nicht enden wollte.

Er aber drang in die Mühle, wo der Hund ihn sofort annahm, und es Crispin in seiner Verwirrung schien, als ob er vor ihm zittere und rase wie vor dem Entsetzlichsten. Er konnte sich nicht halten und mußte zurück, und das Tier bellte ihm noch lange nach.

So ging es ihm von Haus zu Haus, von Mühle zu Mühle, überall wies man ihn ab, da man das eigentümliche Gebaren der Hunde sah, überall schlug man die Türen vor ihm zu und hetzte sogar die Hunde nach ihm. Ja, er merkte einmal, als er ein Dorf verlassen, eine ganze Meute hinter sich kreisen und heulen.

Aber doch ging er nicht zurück, und als er einige Wochen gewandert war, schien es, als ob sich das lege.

In einem Flecken, wo sie eben den Tod austrieben, denn es war der Sonntag Lätare[1], traf er ein paar Burschen, Wagnergesellen, die ihm sagten, daß in der Klostermühle, zwei Meilen von hier, wie sie eben vernommen, ein Müllerbursche dringlich benötigt werde.

Klostermühle?

Das klingt nicht übel, wenn man vor Teufelswerk flüchtet.

Also beschloß der Crispin, den geraden Weg einstweilen aufzugeben und sich die Klostermühle anzusehen.

Die lag am Eingange eines kleinen Ortes in einer Vorstadt.

Crispin stand auf der Brücke.

Wie das Wasser rauschte und schäumend über das Wehr stürzte, wie der weiße Schaum unter der Brücke schwamm und wie drüben die Räder gingen und das Mahlwerk stampfte. Und wie die Mühle stand, der weiße stattliche Bau, fest und schön bis ins Dach hinauf, um das die weißen Tauben flogen. Auf dem Wasser schwammen die Enten, im Hofe krähten die Hähne, es war ein fröhlicher Anblick unter dem blaugewordenen Himmel und hüoh, hüoh, kamen die Fuhren aus dem Tore, eine nach der anderen. Im Hof lagen Säcke über Säcke, und eine Schar Knechte war damit beschäftigt, sie ab- und zuzutragen. Hin und her ging es, und mächtig und unablässig stampfte das Werk.

1 Lätare: Sonntag Laetare, der vierte Fastensonntag im Frühjahr, auch Rosensonntag oder Brotsonntag.

Fast ist es mir, als ob ich hier bleiben möchte, sagte sich Crispin, als er durch das Tor trat und in diesem Augenblick auch das Bildnis einer Heiligen an ihm erschaute.

Die Hunde bellten auch nicht so heftig wie sonst.

Getrost sagte Crispin, vor den Müller geführt, seinen Spruch, fast gewiß, daß man ihn hier nicht nehmen werde. Aber zu seinem Erstaunen erwiderte ihm der Müller, ein alter Mann mit einem Gesicht so mürrisch, wie der Tag und die Mühle hell waren, daß er bleiben könne, da eben ein Bursche wegen eines Schadens ins Spital gekommen sei.

Das war ein ander Leben als in der einsamen Waldmühle! Crispin schien es machmal wie ein Traum. Die anderen Gesellen sahen ihn neugierig, aber nicht übel an, sie waren froh, wieder einen Gefährten zu haben. Nach seinen Abenteuern fragten sie nicht sehr, sondern waren viel mehr darauf aus, ihm von dieser Mühle zu erzählen!

Sie gehörte der Eva Maria Kühnlein aus der Stadt, einer jungen und schönen Jungfer. Sie wohnte bei ihrem Vater, dem alten Traugott Kühnlein, Armen- und Kirchenvater der Stadt, den man auch den «Schleiervater» nannte, weil er diese Weberei im Orte eingeführt und den Leuten dadurch viel Verdienst verschafft hatte. Hatte auch während der letzten Kriegsläufte viel geholfen und sich auch bei den Generalen für die Stadt verwandt. Wegen der Mühle war es geschehen, daß sie und alles ringsum von allem Bösen wunderbarlich verschont worden sei. Zum Danke habe er die einzige Tochter, der von Mutterseite her die wunderbare Mühle zugefallen sei, samt ihr dem Kloster gelobt, und die Jungfrau werde daher schon in etlichen Wochen am Tage Walpurgis[1] drüben bei den Zisterzienserinnen

1 Tage Walpurgis: der 1. Mai als Tag der Heiligsprechung der (hl.) Walburga.

eintreten, die zwar ein großes Kloster mit stattlicher Wirtschaft besäßen, aber noch keine Mühle.

Crispin fragte, was denn das Wunderbarliche an dieser Mühle sei?

Meinten die Knechte, das hänge mit dem Bildnis zusammen, das man über dem Tore sähe.

Der Andreas, der Älteste der Leute, wollte es erzählen.

Alle rückten begierig heran. Es war um Feierabend, und sie saßen, während die Fledermäuse durch die blaue Luft huschten, auf der Bank neben dem Tore. Drinnen stampfte das Werk wie immer, denn die Mühle ging Tag und Nacht.

Es war warm geworden, vom grauen Morgen an bis in den späten Abend wollte das Hahnkrähen, das Ruggen der Tauber und Tiesen[1] und das Schwalbengezwitscher nicht aufhören, und draußen auf den Straßen blühten schon die Bäume. Crispin konnte von seiner Kammer unterm Dach aus gerade in ein schmales Tal sehen, das ward Tag für Tag heller von Blüte.

Der Andreas wies eben in jene Richtung.

«Wißt ihr, wer Jahr für Jahr von dort kommt?» Seine Stimme dämpfte sich, denn von solchen Dingen durfte man nur leise reden.

«Das ist der Weg der heiligen Walpurgis und von dort kommt sie immer auf eine Nacht in die Mühle und rastet hier. Ihr wißt doch, daß sie jedes Jahr neun Nächte lang, von Georgi[2] bis Walpurgis, von wilden Geistern verfolgt wird? Da sucht sie sich von Ort zu Ort zu verstecken und kommt auch hierher. Deshalb müssen in den neun Nächten alle Fenster offen bleiben, damit die Heilige hereinschlüpfen kann … Oft gibt es Zeichen, daß sie wirklich

1 Tiesen: Tiese, in Schlesien gebräuchlich für weibliche Taube, abgeleitet vom Lockruf «ties-ties».

2 Georgi: Gedenktag des hl. Georg, auch Georgstag, am 23. April.

dagewesen ist … Kurz vor den Kriegszeiten hat man noch Goldkörner in der Kammer neben dem Taubenschlag gefunden –» Crispin zuckte etwas, denn das war seine Kammer, «jetzt zuletzt hat man nur ein paar Blütenzweiglein dort gefunden …»

Und der Andreas schärfte den anderen noch einmal ein, daß ja alle Fenster offen bleiben müßten und Eggen und Rechen nicht auf dem Rücken liegen dürften, damit die Heilige sich bei ihrer Flucht nicht etwa verletzte.

Sagte der eine der Knechte, ein Junger mit einem langen stillen Gesichte, daß er vernommen hätte, daß jetzt nach den Kriegsjahren die Welt wieder voller Spuk und Zauberei sei wie nach dem großen Kriege von dreißig Jahren. Der hochwürdige Pfarrer hätte in der Predigt gesagt, daß solche üblen Zeiten nicht nur Pestilenz und Tod brächten, sondern auch die alten Götter, die, durch den Lärm und Kampf aufgeschreckt, meinten, daß ihre Zeit wieder gekommen sei.

Crispin dachte darüber nach, als er ein seiner Kammer lag. Der Taubenschlag war zu merken, manchmal regte es sich oder flatterte darin, und durch das Fenster, er hatte es schon offen stehen, sah man undeutlich jenes frühlingsblühende Tal im Dunkeln liegen … Das Mühlwerk stieß und schüttelte und bei diesem gewohnten und tröstlichen Gerüttel schlief er ein und träumte von der heiligen Walpurgis, die durch das Fenster flatterte und sich zitternd in seine Arme schmiegte. Ja, einmal fuhr er mit weit offenen Augen hoch: war nicht wirklich etwas dagewesen … eben noch? Sein Herz schlug, dann besann er sich wieder auf die große fromme alte Mühle, in der er lag, hörte das Werk und schlief wieder ein.

Am anderen Morgen aber geschah es, daß er die Jungfer Eva Maria wirklich sah.

Sie war einiges Brotgetreides wegen, das das Kloster gesandt hatte, selbst gekommen.

Der alte Andreas beruhigte sie, es werde eben in die Säcke gefüllt, da trat Crispin aus der Mühle und schaute sie an.

Ihm war es, als ob er wirklich keine schönere Jungfer gesehen hätte. Was war die Barbara in der Waldmühle dagegen, das bleiche Wesen, das frevlerisch das Böse gerufen und sich darein verstrickt hatte…, war war diese gegen Eva Maria, von der man alles glaubte, was von ihr gesagt wurde, in der kein übler Gedanke jemals Platz haben konnte und bei der man an alle grünenden Felder ringsum, alle blühenden Bäume, an den blauen Himmel und die gurrenden Tauben und an alles denken mußte, was in diesen Frühlingstagen war.

Crispin starrte und starrte sie an, da gewahrte die Jungfer ihn. Etwas trat in ihren Blick, das er sich nicht erklären konnte, wieder schaute sie zu ihm, und dann merkte Crispin, daß sie den Andreas nach ihm fragte.

Drinnen rief man nach ihm, er kam zurück wie im Traum und fühlte im weißen wirbelnden Staub der Mühle, von den Tauben umgurrt, von dem Lärm der Schwalben umtönt, unter dem Dröhnen des Mahlwerkes immer noch die Jungfrau vor sich. Er mußte die Säcke für das Kloster zubinden, einen nach dem anderen, und dachte: Das Kloster? Das Kloster?

Es war aber, als ob es ihn immer stärker durchdränge, und als er einen freien Augenblick erhaschte, stürmte er über die Stiege nach oben und spähte über das ganze grünende Land und nach jenem Tale drüben, das weiß und rosenrot voller Obstblüte war und auch nach der Stadt, über der die Glocken läuteten. Man rief schon wieder nach ihm, aber er war voll von diesem Tal, dem blauen Himmel und den blühenden Bäumen. Am Nachmittag geschah es, daß er nach ihrem Hause geschickt wurde. Der Andreas tat es, vielleicht, daß ihn die Erkundigung der Eva Maria bewogen, dem Crispin die Botschaft anzuvertrauen. Galt im übrigen auch nicht der Jungfrau, sondern dem «Schleiervater».

Aber der war nicht da, als Crispin in das Haus der Ringe trat, das ebenso stattlich war wie die Mühle, aber dem Crispin gefiel die Mühle besser. War auch die Stadt dumpfiger und enger und hing ihm nun einmal aller freie Hauch da draußen mitsamt dem Hahnkrähen und der Baumblüte im Herzen.

Die Jungfer trat ihm in der Laube, wo sie Samen gelesen, wie ein Engel des Himmels entgegen, wie ein Wesen kaum von dieser Welt, und zaghaft richtete er aus, was ihm befohlen und was doch auch wieder mit dem Kloster zusammenhing. Immer und immer wieder das Kloster. Und sie sprach auch davon mit einer ruhigen, zuversichtlichen und glücklichen Stimme, und er starrte sie stumm an, bis sie, sich besinnend, auf einmal nach ihm fragte, woher er sei?

Er erzählte, daß er aus dem Bartschland komme, aber von der Schwedenmühle konnt' er nichts sagen, obwohl es in diesem Augenblick doch irgendwie an ihm zerrte, und sie lächelte und fragte ihn nach seiner Mutter.

Wie betäubt ging er dann von ihr und hörte die Glokken läuten und bedachte, daß sie nun wohl in die Andacht ging, eben senkte sich der Abend, die Schwalben schrien in der Vorstadt, als er zurückkehrte, aber über allem schwang noch etwas anderes, das ihm den Sinn verwirrte und das er doch noch niemals gekannt hatte, nein, niemals in allem Grauen und Bangen …

In der Nacht aber träumte er von neuem von der heiligen Walpurgis und wieder fuhr er auf und es durchgraute ihn: hier war etwas. Hier war auch etwas. Er war ganz wach und klar, nichts war mehr zu spüren, nichts zu sehen, nur das Mahlwerk stampfte wie gewohnt und alles schütterte und wiegte sich leise. Und doch wußte er: es war etwas da. Etwas war hier … Auch … hier.

Es war wohl, daß es noch immer nicht ganz von ihm abgelassen hatte. Daß es ihm doch leise gefolgt war und immer wieder versuchte, zu ihm zu dringen.

Voll heimlichen Grausens dachte er an jene Nacht, die immer näher kam, in der sogar eine Heilige vor allem Teufelswerk zitternd flüchten muß … wie würde es da ihm ergehen?

Aber rastete die Heilige nicht hier? Hatten sie es nicht alle für gewiß gesagt? Und sogar in seiner Kammer …?

Er starrte auf das Fensterkreuz, das sich im bleichen sanften Mondenlichte ein wenig hob … huschte es nicht schon heran …?

Am anderen Abend, die Sonne war tiefrosenrot untergegangen, hatte Crispin Nachtarbeit in der Mühle. War aber nicht ganz allein. Wenn auch der «Vetter» schlief, wie der alte Müller genannt wurde, so waren doch etliche Knechte dabei, und wenn die Arbeit nicht drängte, so waren sie munterer als am Tage und erzählten sich Geschichten.

Wie halt die Müller erzählen.

Auch von denen in der Mühle hatte der dies, der jenes Stücklein erlebt. Aber der Andreas, der Älteste, doch das meiste: er hatte noch den Martin Pumphut leibhaftig gesehen! Die anderen starrten: den … Pumphut …?

Der Graukopf meinte, das sei gewesen, als er noch ein kleiner Junge war. Im Guhrauschen[1], wo die vielen Windmühlen sind, neunundneunzig, da sei einmal ein langer

1 Guhrauschen: der zwischen 1742 und 1945 existierende Landkreis Guhrau in Niederschlesien, heute in Polen gelegen.

Mensch im grauen Röcklein vor ihm gestanden, ganz aschegrau das Röcklein, und mit hohem spitzen Hute –

Riefen die Gesellen, daß man ihn eben deswegen Pumphut nenne! Meinte der Andreas bedächtig, während er einem winkte, weil er aufschütten sollte, daß er den Fremden eben daran sofort erkannt habe. Der habe sich umgeschaut und die vielen Mühlen gesehen. Und ihn gefragt, ob denn hier nur Windmühlen seien?

Habe er, der kleine Andresel, bange gesagt, ja, hier gäbe es nur solche. Aber die rührten sich ja nicht eine Spur? Wären ja so faul, wie man keine Wassermühle im ganzen Lande je gefunden hätte?

Jetzt hätte er, der Andreas, doch beinahe gelacht, trotz seiner großen Angst vor dem Spitzhute.

Und gesagt, ob der Herr denn nicht wüßte: im ganzen Lande gingen die Wassermühlen nicht ohne Wasser und Windmühlen nicht ohne Wind – –

Da hat der Pumphut gelacht, nur so obenhin und hat gesagt: «Werd' dir zeigen, wie sie gehen ohne Wind – –»

Und hat geblasen.

Nur so ein bissel.

Und er, der Andreas, hat gesehen, wie die eine Windmühle auf einmal anfängt, nur etwas, und gleich daneben die andere und noch eine und so ist es von einer anderen gegangen, als ob sie eins angerührt hätte, und auf einmal drehen sich alle neunundneunzig Mühlen ringsum geschwinde und noch geschwinder, obgleich kein Wind geht – –

Das war der Müller Pumphut.

Wie der Andreas sich aber umsieht, merkt er, daß der schon um die Ecke biegt, ohne sich umzuschauen, aber ein langer Feuerstreif ist hinter ihm hergegangen. Hat nachher noch lange gedauert, bis die Mühlen wieder ruhig wurden.

Das sei nur eine der vielen Geschichten.

Crispin fragte, wer Pumphut denn sei, denn er hatte wirklich von diesem noch kein Wörtlein vernommen.

Der Andreas meinte, daß man es nicht genau wüßte.

Nach den einen habe man ihn überhaupt erst nach dem Tode seiner Mutter in ihrem Sarge gefunden, nach den anderen sei er wohl der Sohn rechtschaffener Eltern, aber hernach aus der Wiege plötzlich verschwunden und endlich wieder dagewesen, ganz verändert und von kleinen Flämmchen umhüpft … Hätte dann bald mit seinen absonderlichen Streichen angefangen und wanderte seitdem, sei bald in der, bald in jener Mühle, an diesem oder jenem Orte in seinem grauen Röcklein und mit dem spitzen Hute aufgetaucht und habe seine Stücklein gespielt, dem geholfen, jenen gestört. Wäre vor Zeiten auch zu Hildesheim der Geist Hütchen gewesen und hätte dem Wallenstein als graues Männlein geholfen, bis er endlich, nach vielhundert Jahren, das verdiente Ende gefunden habe.

Wie er geendet habe? fragte Crispin.

Das sei auf dieselbe Weise geschehen, wie bei allen solchen … Pumphut wäre von dem Wallenstein weg zu einem General gekommen, der mit dem Bösen im Bunde stand, und hätte ihm aus Erbsen so viel Soldaten gemacht, wie der General nur haben wollte. Durften aber nicht durch das Wasser, und der General hätte darum eine große Schlacht verloren. Darüber waren die Zwei in Streit und Handgemenge geraten und schließlich hätte der Teufel alle beide geholt. Seitdem hätte keine Seele den Pumphut mehr gesehen.

Die Müller brachten noch andere Historie auf, aber der Morgen sah so rosenrot in die Fenster, wie der Abend gewesen war, und die Nachtarbeit war zu Ende.

Als der Crispin in seine Kammer ging, überfiel ihn trotz des fröhlichen Morgens wieder etwas von der alten Sorge, und es durchfuhr ihn der Gedanke: wenn er mit der Jungfer spräche? Ja, war es nicht schon ihr Wort allein, das ihn von allem lösen konnte?

Nachher sah er die Jungfer wieder in der Mühle und wieder begegnete ihm ihr eigentümlich nachdenklicher Blick, so daß er grübeln mußte: weiß sie etwas? Ahnt sie, was mit mir ist?

Einmal ging er nach Feierabend in jenes Tal hinaus. Irgend etwas trieb ihn … aber bald wich er entsetzt zurück. Wenn es auch nur schmal und eng war und was sich an Höhen zu beiden Seiten des Wässerleins aufbaute, kaum Höhe zu nennen war, so war das Ganze doch irgendwie ein Abbild jenes unheimlichen Tales im Gebirge. Aber dann entsann er sich, daß gerade dieses Tal der Weg der heiligen Walpurgis sein sollte, und etwas beruhigter ging er fort.

Aber er wußte: ich muß mit ihr sprechen.

Als er mit einer Fuhre in die Stadt kam, hielt er vor dem Hause am Ringe. Eva Maria, die die großen Planenwagen der Mühle kannte, schaute aus dem Fenster und ließ ihn dann selber ein, wohl in dem Glauben, daß er eine Botschaft brächte. Wieder strich ihr nachdenklicher, versunkener Blick über ihn, der die Mütze drehte und fragte, ob er der Jungfer nicht ein paar Worte sagen dürfe?

Er merkte gleich, sie war an Bittsteller gewöhnt. Sah ihn gütig an und hieß ihn reden.

Er horchte.

Es schien ihm auf einmal, als ob die Pferde unten nicht ruhig ständen. Die Klostermühle hatte zwar fast immer starke und mutige Gäule, aber gerade die beiden Schekken waren ihm nicht so vorgekommen, als ob er sie nicht ein wenig allein hätte lassen können. Aber es war richtig: sie rührten und rührten sich und warfen die Köpfe, so daß alle Schellen klirrten.

Er riß sich zusammen und sprach erst recht.

Den Blick gesenkt und doch alle ihre Holdheit spürend, erzählte er alles, was ihm begegnet war.

Drunten schlugen die Pferde jetzt mit ihren Hufen wie die Teufel auf den Boden, aber Crispin sprach fast in Eva Marias Hände hinein, die sie dicht vor seinem geneigten Haupte hielt.

In der Mühle komme nichts Böses. Er habe wohl schon gehört –

Ja, aber … Walpurgis …

Sie schüttelte das Haupt.

«Für uns ist das nichts Schlimmes … Ich weiß nicht, warum dir so Sonderbares begegnet ist und ich will auch nicht drüber nachdenken, aber mir war gleich, als ich dich sah, als ob dir etwas geschehen sei und als ob ich dir helfen müsse … Und höre, ich will dir helfen …»

Er suchte ihre Hand zu fassen, um sie zu küssen, wie man die der Klosterfrauen küßt, aber dabei durchfuhr ihn eine grenzenlose Seligkeit. Deutlich fühlte er: das ist die Hilfe, das ist die, die mir gesandt ist, um mich von allem Heidenspuk zu befreien, die hilft mir mit aller Güte der Welt …

Sie schauten sich beide an.

Und Crispin hörte unten die Gäule wütend auf die Steine schlagen.

Er mußte nun fort und sprang die Stiege hinab und bekam die scheuen Tiere noch im letzten Augenblick zu fassen, und als er sich auf den Wagen geschwunden hatte, stürmten sie mit ihm fort, wie vom Gottseibeiuns gejagt.

Er kann mir nichts anhaben, dachte Crispin.

Die Knechte arbeiteten noch eifriger, die Mühle schien noch mächtiger zu stampfen, und dem Crispin kam es vor, als sängen alle Vögel noch seliger, krähten die Hähne noch munterer und klängen alle Glocken noch schöner.

Ja, die Glocken, die hörte er jetzt. Er schaute nicht mehr nach dem Tal, hörte nur auf die Glocken. Und wenn er irgend Zeit erübrigen konnte, so schlich er nach der Klosterkirche drüben ins Hochamt und zur Messe und zu jeder anderen Zeit, wo er die Jungfer drüben wußte, noch nicht im Reigen der Klosterfrauen und sah nach ihr und beugte gleich ihr das Haupt. Und sie sah ihn auch, obgleich sie das Haupt nicht bewegte, sie sah ihn immer und auch, wenn sie in den Hof trat, flog ihr erster Blick, um Crispin zu finden. Gab es doch etwas, das sie gemeinsam hatten, die anderen wußten nichts davon. Aber er fühlte, daß ihre letzten weltlichen Gedanken nur damit beschäftigt waren, ihn zu erlösen.

Sie rief ihn auch immer mehr heran und zeigte ihm dies und jenes, und der Andreas wußte schon, wen er schicken sollte, wenn ein Mühlknappe gefordert wurde.

Crispin dachte nicht mehr an Spuk, Gott bewahre, nicht im geringsten mehr, nicht ein Gedanke davon war mehr in seiner Seele. Es war, als ob alles Böse, das ihm genaht und ihn umdroht, nie gewesen sei, er fühlte nichts als diesen Frühling im Glanz seiner Blüten, und den blauen Himmel, den Schwalbenschrei, die große schöne Mühle und … sie …

Und ein Gedanke war in seiner Seele, so gewaltig und verzehrend, daß er nicht mehr merkte, wie vermessen er war, wohl hörte er noch die Glocken, aber sie schlugen anders, sie schlugen ferner, und ferner rückte ihm auch die ganze fromme Welt der Jungfrau. In ihm war nur noch ein Gedanke, ein einziger.

Sie aber merkte nichts davon und war nur immer von dem erfüllt, was eben kommen sollte und wie sie ihm helfen möchte.

Am Abend vor Georgi wies sie die Knechte selber an, alles wegzunehmen, das der Heiligen auf ihrer bangen

Fahrt etwa hätte schaden können und sah zu, wie man die drei schützenden C. M. B.[1] an die Türen malte, es war besser schon jetzt.

Der Crispin aber lag in seiner Kammer bei weit offenem Fenster und fühlte die lauen Lüfte heranwehen und alle Seligkeit der Sternennächte und fühlte sich gewiegt von dem schweren Gang der Mühle und von den Gedanken, die treulich an ihm hingen.

Als aber des Morgens nachgeschaut wurde, war keine Spur von einem Besuche der Heiligen zu finden. Der Andreas schaute selber nach und machte ein verschlossenes Gesicht: sollten die bösen Kriegszeiten sogar der Heiligen geschadet haben?

Unter den Knechten gab es jetzt welche, der Crispin sah es, die lachten, wenn der Andreas seinen vergeblichen Gang nach dem Taubenschlag zu tat.

Crispins Sinn hing auch nicht an dem kleinen Wunder der Legende, sein Sinn hoffte auf ein anderes, das ihm besser und für immer helfen konnte …

Und dann hörte er auf einmal, die Jungfrau wolle mit ihrem Vater die letzten Nächte selber in der Mühle sein.

Und sie kam an einem Abend an.

Aber auch nach dieser Nacht, es war die sechste, war nichts von einem Besuch der Heiligen zu spüren. Aber immer wilder blühte das Tal, immer herrlicher grünten die Felder, immer seliger schrien die Schwalben und sangen die Lerchen. Immer rosenroter wurden die Abende und immer blauer die Nächte …

Aber in keiner kehrte die Heilige ein …

Der Andreas sah immer nachdenklicher aus und bald schien es Crispin, als ob er ihn mit mißtrauischen Blicken

1 C. M. B.: der Haussegen «Christus mansionem benedicat» (Christus segne dieses Haus).

streifte. Auch von jenem anderen mit dem stillen Gesichte kam dieser Blick. Hatte die Jungfrau geplaudert? Oder spürten sie nur an ihm das Fremde? Hatte einer bemerkt, wie die Hunde der Mühle immer nach ihm knurrten und wie die Pferde so oft unter seinen Händen scheuten? Hatten sie, das er nichts erzählt hatte, sich desto mehr gedacht?

Er wünschte: wenn die Heilige doch käme, wenn sie doch käme ..., wenn doch ein Zeichen ihrer Huld im Bodenfenster läge ... Etwas in ihm graute sich, und es war ihm wieder, als ob etwas nahe ...

So verging der letzte Vorabend, und es kam die Nacht der heiligen Walpurgis selbst.

Was war in aller Welt in dieser Nacht schon für übler Spuk geschehen? Was hatte Mensch und Tier getrieben? Was mancher Traum gesehen?

Crispin fühlte nur, so blau war noch keine Nacht gewesen wie diese ... so schön, so verwirrend, so selig keine andere ... so in Blüte hatte noch keine gestanden wie diese Nacht.

Und er dachte nicht mehr an die Heilige und nicht an den Heidenspuk, sondern nur an die Jungfrau, wie sie mit ihren Gedanken jetzt an ihm hängen, wie sie für ihn beten und bitten würde, zum letztenmal, zum letztenmal ...

Seine Gedanken flogen in diese blaue Nacht hinein und flogen zu ihr, und er sank in das Stroh in allem Blute zitternd und fuhr wieder auf, wie von unsichtbaren Händen emporgerissen, hörte das Stampfen der Mühle und atmete wieder alle ihre Gedanken, die so leise zu ihm kamen und so lind und herrlich waren wie alle Herrlichkeit und Lindigkeit der Nacht.

Und wieder sank er zurück und es riß ihn von neuem auf: ach, morgen wird sie im Kloster sein und ich ...

Grauen erfaßte ihn: geschah denn nicht ein Wunder?

Er starrte durch die Luke: kam nicht wirklich die Heilige durch jenes Tal? Er blickte hin, jetzt ohne Furcht, nun fürchtete er nichts mehr, hätte sich allem ergeben, was sie hätte vor dem schützen können, was morgen kam ...

Oder ... schon ... heute? War die kurze Nacht schon vorüber?

Er sank wieder zurück, mit zusammengebissenen Zähnen, und mühte sich, alles zu vergessen. Und dachte nur an sie, nur an sie ...

Auf einmal was es ihm wieder, als ob ihn etwas berühre. Und jetzt war es ihm, als ob die Heilige über die Felder käme, ja, wahrhaftig, drüben von jenem Tale her kam sie zitternd und leise geflogen, um sich in seinen Armen zu verbergen.

Und plötzlich fuhr er wieder auf: oh, noch immer war nur stille blaue Nacht ... stille Nacht ... die letzte, letzte Nacht.

Er lauschte, aber auf einmal fühlte er, daß ihn der Traum doch nicht getäuscht hatte.

Etwas war hier oben. Etwas war ... gekommen.

Und fühlte nur, daß es etwas Gutes und Seliges sein müsse. Leise öffnete er die Tür und spähte in den blauen stillen Gang und erschrak und zitterte und stand – – –

Denn wenige Schritte vor ihm schwebte eine weiße stille Gestalt, einen Strauß rosenroter Apfelblüte in den Händen ... ihn jetzt loslassend, so daß er vor seiner Kammer zu Boden sank, wie von den Händen der Heiligen geschenkt.

Und Crispin stürzte vor und raunte: «Jungfer Eva Maria ...»

«Oh, verzeiht», stammelte sie, «ich wollte nur», sie zitterte und blickte nach dem Fenster in die schweigende blaue Nacht – –

«Ich wollte dir nur diesen Zweig der Heiligen bringen, auf daß du Ruhe habest …»

«Dir gab sie ihn», flüsterte er.

Sie zuckte.

«Ich holte ihn drüben», sie wies nach dem Tale, «ich wollte … nein, es sollte kein Trug sein, oh, das wollte ich sicherlich nicht am letzten Tage, da ich auf der Welt bin – –»

«Eva Maria», stammelte er, «Jungfer – –»

«Ich wollte nicht … ich … ich wollte – –»

«Ihr seid eine Heilige», flüsterte er, «und darum ist der Strauß so heilig, wie wenn er von der Verfolgten selber käme.»

Wieder schauten sie nach dem stillen Fenster, aber nichts ließ sich sehen, nichts regte sich, nichts kam … Nur blühte alles draußen …

Und plötzlich riß der Crispin die Jungfer an sich. «Eva Maria, seid noch ferner meine Gute, geht nicht ins Kloster, bleibt mir … bleibt mir …»

Und schwer und mächtig ging unten die Mühle, und er fühlte, welche starke und ruhige Zuflucht er gewonnen. Er drückte seine Stirn in ihre Hände und zog sie immer fester an sich: «Oh, rettet, rettet mich, Jungfer, gebt mir die gute Heimat, seid mein – –»

Sie fuhr zurück und sah ihn entsetzt an.

«Was denkst du?»

«Ich denke, daß ich Euch nicht dem Kloster lassen kann», stöhnte er, «könnt Ihr Euch nicht sagen, daß es ein schönes Werk wäre, hier mit mir …»

«Du … Frevler», lallte sie.

Sie stand, ihr Atem ging. Sie wußte sich nicht zu fassen, vor ihnen lag das Sträußchen.

«Ich brachte es dir, um dir zu helfen und du …»

Er drang von neuem auf sie ein. «Jungfer, ich bitt' Euch, Eva Maria ...»

«Zurück, zurück», raunte sie.

Sie horchten beide.

Auf Evas Antlitz lag Entsetzen.

«Helfen wollte ich dir», sagte sie nur immer wieder.

«Ich liebe dich», stammelte er, «gehe nicht, oh, gehe nicht, Eva Maria ... Du kannst ja nicht. Laß die Frommen drüben unterm Schleier und du und wir ...»

Da stieß sie ihn zurück.

«Nun weiß ich, nun weiß ich –»

Tränen rollten über ihre schmalen Wangen.

«So viele Nächte habe ich um dich geweint –»

«Jungfer –»

«Daß ich dir nicht helfen könnte ... Bis ich auf dieses kam ... Aber ich dachte nicht ...»

«Du kannst mir helfen», flüsterte er.

Schwer ging die Mühle.

«– – Nun sehe ich, daß ich um die – – Sünde geweint habe, um einen – Verlorenen. Oh, ich weiß nun, sie haben alle recht, die da wissen, wie sie sagen, warum die Hunde vor dir knurren und die Pferde unter deinen Händen scheuen – – du bist das Böse – –»

«Jungfer –»

«Ich muß dich lassen», sagte sie zwischen den Zähnen.

Der Andreas stand auf einmal im Gange, lautlos aus der Mühle gekommen.

«Was ist hier?»

«Die Heilige war hier», sagte Crispin.

Eva wandte sich an den Alten.

«Führt mich hinab», sagte sie. «Die Heilige mußte flüchten, es ist nicht gut hier oben.» Sie weinte und weinte.

Noch immer hörte Crispin ihr Weinen inmitten des schweren Ganges der Mühle.

Er wartete noch den ganzen Morgen.

Sah die Jungfer zur Kirche hinübergehen. Hörte das Raunen der Knechte.

«Sie geht … sie geht …»

Das Sträußlein war verschwunden. Der Andreas hatte es wohl fortgebracht.

Wußte keiner in der Mühle, daß die Heilige dagewesen war in dieser Nacht. Wußte nur jeder, daß die Jungfer wirklich ins Kloster ging.

Der Andreas kam nachher zum Crispin und gab ihm den Fremdzettel. Im Auftrage. Hätten gefunden, daß er nicht in die Mühle passe. In die Klostermühle nicht. Solle nur dahin zurückgehen, woher er gekommen.

Crispin packte sein Ränzel und sah wie im Traum jenes grelle Tal da drüben.

Ja, ich gehe, sagte er sich. Und gehe dahin, woher ich – gekommen bin.

DAS DÖRRHAUS

Crispin sah nach dem Gebirge, das ihm auf einmal wieder flimmernd in die Augen schien: ich will dahin! Er starrte nach dem fernen Blauen: Ich will! Ich will!

Das kleine Tal, in das er hineinsprang, war voll von dem friedlichen Lärm der Vögel und dem Gejauchz seines Blühenden. Es wäre schwer gefallen, hier etwas Böses zu erblicken. Crispin sah auch nicht rechts, nicht links, er fühlte dies hier nicht anders als den Weg zu jenem, und was ihn etwa heimlich umspielen mochte, war nichts gegen den peinigenden Lärm der Glocken. Er rannte. Das kleine Tal streckte sich und lief in Hutungen[1] hinein. Der Weg wandte sich, und es kam ein Dorf und wieder eines, und so ging es weiter, und wohin Crispin an diesem Tage kam, traf ihn immer wieder das festliche Geläute der Glocken.

In ihm zitterte es nur: Fort. Weit fort! Bis dahin, wo es keine – – Glocken gibt!

Zum Abend fand er Nachtlager in einer Herberge, schon weit von dem Orte, von dem er ausgegangen war. Der Wirt wunderte sich nicht, zu hören, daß es nach dem Gebirge ginge, das tat so mancher Wanderbursch in dieser Zeit und vielleicht waren die Pässe über die Höhen bald frei, wenn sie es in diesem Jahre nicht schon waren.

Die Wasser rannten tiefhellgrün und sprudelnd neben den Wiesen her, allerorten gab es weite spiegelnde Flächen und umstürmte Brückenpfeiler. Der Wirt sagte, daß gestern schon einige Wanderburschen hier

1 Hutungen: ertragsarmes Dauergrünland, verunkrautete, nicht regelmäßig beweidete Wiesenflächen.

durchgekommen seien, und daß Crispin, wenn er sich am anderen Morgen beeile, in Gesellschaft weiterreisen konnte.

Darum war es dem Crispin aber gar nicht zu tun. Als der Tag kaum graute, war er schon aus dem Stroh, um weiterzumarschieren.

Gewaltig sah er es schon drüben aufgerichtet. Dampfend lag es da mit allen Kuppen, Höhen und Vorbergen, als ob es über Nacht lautlos nähergekommen sei und auf ihn warte, stark und triumphierend. Ein Wunderwerk, er sah es, dem nichts auf der Welt gleich sein konnte, und darum war er ihm verfallen.

Er eilte und eilte und hielt sich nur wenig auf, um in den Dörfern nicht wieder die Glocken zu hören. In einer Mühle, das Wasser zog rauschend unter der Brücke durch, bot man ihm Arbeit an, aber er schlug sie aus, er wolle wandern, so sagte er, und alle Hunde des Dorfes bellten ihm wieder nach.

Jetzt war er auf einsamer Landstraße. Die Sonne war hochgekommen und blinkerte und blänkerte, und rot und blau glimmerten die kleinen Steinchen am Weg. Die Straße, gut und glatt, wie er sie selten gefunden, schien gerade auf das Gebirge zuzuführen.

Da sah Crispin auf einmal einen Burschen vor sich schreiten. Mit Ränzel und Stecken ging er, langsam und breitbeinig, war einer von seiner Zunft, ein Wanderbursch wie er.

Etwas in Crispin erschrak auf einmal doch.

Stehenbleibend schaute er nach dem anderen, der jetzt langsam ging, ein paar Kiesel aufhob, sie betrachtete und wieder in den Graben schleuderte. In der Bewegung des Armes meinte Crispin schon zu erkennen, wes Handwerks der Bursche war.

Es war nicht anders, sie mußten aufeinander treffen. «Auch des Weges, Bruder?» fragte der Fremde, zum Gebirge deutend.

Dabei war es dem Crispin, als ob ihn aus dem Lande her, das nahe ein frischer Mühlbach durcheilte, wieder Glockenklänge träfen.

«Ja, desselben Weges, Bruder», sagte er hastig, «und nirgends anders hin.»

Wies auf die blauen Berge und betrachtete wieder den anderen.

«Ein Zweckenschmied», sprach er jetzt, «von dahinten her, aus dem Magdeburgischen.» Wäre aber schon lange unterwegs und weit gewandert. Bis ans Meer und bis ... Er warf Crispin einen Blick zu und sprach nicht weiter.

Fragte den dann aus.

Crispin sagte, daß er von der Klostermühle komme und im Winter im Gebirge gewesen sei. Aber dort sei es nicht ... sonderlich gegangen.

«Im Winter ist's nirgends sonderlich», lachte der Schmied, «aber jetzt kann's anders sein.»

Blieb stehen und prüfte den Felderboden und sah wieder spähend zum Gebirge hin. «Ist vielleicht manches dort zu finden, was die Tauwasser hoben.» Ging geschäftig weiter und fragte den Crispin nach dem oder jenem Berge drüben.

Der konnte aber nicht viel Auskunft geben.

Der Schmied lachte.

«Hast dich nicht so sehr dorten umgesehen, wie mir deucht. Hätte aber doch nützlich sein können. Bin das erstemal hier in der Gegend, will aber gut zusehen und, will's das Glück, auch finden, was ich finden will!» Und die Hämmer und Eisen in seinem schweren Ränzel klirrten und klangen.

Spähte wieder gelüstig nach dem Gebirge. Unterließ es auch nicht, einen jähen Blick auf eine Schar Hühnlein zu werfen, die eben den Weg kreuzten. Da sich aber hinter der Hecke der Kopf eines hageren alten Mannes hob, ging er rasch weiter. Lugte zu einer Feldscheune hin und umschlich mit seinen Blicken ein etwas abseits gelegenes Bauernhaus, bis er sich wieder spähend nach den Steinen am Wege bückte.

Crispin gefiel der Bursche nicht, der allerhand erlebt haben mochte. Dachte an den Schneider mit der zerrissenen Trudelmütze, der nur nach den Wahrzeichen geschaut hatte. Der sah kaum danach. Hatte aber auch keine Bange vor einem Wäldchen und auch wohl keinen Hecketaler, suchte wohl aber etwas dergleichen.

Crispin wußte zwar, wie man von solchen Burschen loskommen kann, merkte aber bald, daß der andere nicht lokker ließ. Schien etwas an ihm gefunden zu haben.

Als sie in ein Wäldchen kamen, warf der Schmied sich in den Graben und holte die Flasche mit dem Korn und Schinken, Brot und Honig hervor und sagte, das alles hätte ihm ein Nonnenstift gespendet! Lachte, warf sich herum und spähte von neuem nach dem Gebirge, das man durch die dunklen Stämme nur wie etwas Ungeheures dämmern sah.

Crispin fragte, was er denn dort zu finden gedächte?

Der Schmied sah ihn an, als ob er seines Verstandes nicht mächtig sei und lachte wieder. Trank einen Korn und schnitt von dem Schinken und sagte, er wüßte jetzt wenigstens, daß der Crispin ihm da oben noch etliches übrig gelassen hätte!

Nahm sich Zeit, bis er dann endlich anfing: Mengen von Gold und Edelgestein gäbe es da oben, man müßte die Plätze nur finden. Vor Zeiten hätte man viel gefunden, es wären aber alle, die darum gewußt, in der großen Tatarenschlacht[1] umgekommen.

Aber er hätte allerlei von einem Siebmacher aus Ober-Kauffung[2], der nachmals im Polnischen im Schnee erfroren sei, erfahren. In einem Berge, der eine wunderliche Kuppe habe, kahl und nackig, sollten viele Diamanten, Buttermilchsteine und Rubinen liegen, man müsse die genaue Stelle nur treffen. Dann gäbe es noch in einem Dorfe einen Brunnen, der niemals zufriert, mit feuerrotem Grunde. In dem liegen auch viele Steine, und ein Hirte, der einmal einen Trank daraus getan, sah sie alle liegen. Dann gäbe es noch irgendwo eine Mühle bei einem großen Felsen, da sei das Allermeiste zu finden. Damit hoffe er sich gründlich die Taschen füllen zu können und werde dem Crispin auch abgeben, wenn er ihm bei allem helfen werde. Ob er nicht möge?

Crispin sah ihn sonderbar an und dachte, daß doch unversehens schon wieder ein Abenteuer für ihn herangekommen sei.

Fragte, ob sich der Schmied nicht vor Geistern fürchte, die da droben ihr Wesen noch immer trieben?

Der Schmied lachte laut auf, während er den Speck wieder ins Ränzel schob, das hätte der Crispin sich wohl von irgendeinem alten Weibe aufbinden lassen?

Ihm selber, so viel ihm auch in zwanzig Jahren Wanderschaft begegnet sei: Geister seien ihm nicht begegnet!

Er sprang auf die Straße zurück.

1 Tatarenschlacht: vermutlich die Schlacht bei Liegnitz (heute Legnica) bzw. Wahlstatt (heute Legnickie Pole) am 9. April 1241, in der ein mongolisches Heer ein polnisch-deutsches besiegte.

2 Ober-Kauffung: die niederschlesische Stadt Kauffung, heute Wojcieszów in Polen.

«Will dir verraten, Bruder, wo ich vor etlichen Wochen war und was mir dort geschah, dahinten in Polen. Hab' mich nur auf einen Gaul besonnen, der hinter dem Zaune graste, weil mir deuchte, damit schneller herzukommen. Die Polen aber, Bruder, erhaschten mich an der Grenze und setzten mich fest. Und so ist das da drüben», er ging bedächtig und rührte den Staub auf. «Wer sich an einen Gaul macht, für den ist der lichte Galgen! Und so sollte es mit mir nun sein.»

Er warf einen Blick auf Crispin.

«Die Tür des Loches, in das sie mich steckten, war fest, und ein stattlicher Dragoner hielt draußen Wacht, und ein Fenster war überhaupt nicht da. Und mit einem Strohhalm konnte ich das Schloß nicht aufbrechen und ihn dem draußen in den Leib rennen. Ei, dachte ich, so geht es nur noch mit dem Sterben. Und da bin ich eben gestorben, Bruder.»

«Du bist – –»

«Gestorben. Lamentierte erst eine gehörige Weile und da man mich dabei ließ, legte ich mich hin. Und als sie nach mir sehen wollten, war ich schon still und starr. Und da brachten sie mich in die Totenkammer. War mir recht, indem ich bedachte, daß Totsein immer noch besser als erst noch Sterben ist. Und waren Leute um mich, denen es auch recht war. Rippten und rührten sich nicht, wie ich um Mitternacht die Tür aufmachte, und keiner hat Lärm geschlagen. Und ich machte nun lange Schritte, bis ich über die Grenze war. He, Bruder, wie gefällt dir das Stückchen? Hättest gewißlich gejammert und auf die Geister gewartet. Aber sie sind nicht da, weil es eben keine gibt! Sind alles Ammenmärlein, guter Bruder. Und ich will mich davon nicht abhalten lassen, droben zu graben, was sich graben läßt!»

Crispin sagte nichts.

Er schaute nach den Bergen, deren Schatten schon über den Feldern lagen. Zog ein altes Dorf vorbei, in dem das Wasser laut übers Mühlenwehr stürzte, aber er schaute kaum hin und sah auch nicht die alte Mühle, die unter den Fliederbäumen lag, die letzte des flachen Landes.

Und hernach waren sie bald in den Bergen und stiegen und stiegen.

Ein fremder Weg, ein fremder Berg. Crispin schaute und fragte nicht, er ließ den anderen vorangehen.

Dem Schmied gefiel der Stein noch nicht, so lange er sich so zeige, sei nichts zu machen. Müßten höher, viel höher!

Es sank aber die Nacht, und sie mußten sehen, in dem Dorfe am Abhang Nachtlager zu finden, denn hier oben war es noch bedenklich kalt und es zeigte sich kaum eine Spur von dem grünenden Leben der Ebene.

In dem Dörflein, in dem die Webstühle klapperten, ein armselig Plätzlein, das sich in dem immerhin breiten Tale wunderlich winzig ausnahm, fiel ihnen etwas Merkwürdiges in die Augen. Vor einem kleinen und armseligen Bauerngehöft stand, ein wenig vorgeschoben, ein großes steinernes Tor. Eine Pforte, wie sie sich vor einem reichen Hofe vielleicht denken ließ, aber sie war allein, abgerissen und zerbröckelt, und unter dem Bogen stand in dunklen Zeichen die Zahl 1554.

Der Schmied fragte und bekam Antwort, daß dies Tor von einem reichen Bauernhofe übrig geblieben sei, den die Schweden in dem großen Kriege verbrannt hatten. Damals sei hier ein reiches und schönes Dorf gewesen, von allem stünde aber nichts anderes mehr als dieses steinerne Tor.

Die beiden fanden Nachtlager und in der eisigen Frühe ging es weiter, immer den Berg hinauf. Nach etlichen

Stunden waren sie an einem Plan, auf dem Holzschläger ihr Wesen trieben. Einige Männer standen da, von Nebeln umfahren, zwischen den Buchen und wollten eben ihr Tagewerk beginnen. Crispin sah an den überhohen steilen Stämmen empor, etwas berührte ihn dabei, scheu sah er ringsum – –

Fragte die Waldleute, wer sie jetzt im Frühjahr zu schlagen geheißen hätte, und sie geben ihm Bescheid, daß sie sich darum nicht kümmerten, aber wohl die schlechten Zeiten daran schuld seien.

Der Schmied hatte sich indes an einen Alten gemacht, den er fragte, ob ihm Sagen von edlen Steinen oder Gold hier in der Gegend bekannt seien? Der sah den Bruder von oben bis unten an, und zugleich kamen ihrer noch andere heran, die das Wort vernommen hatten.

Einer meinte, daß sie davon nichts wüßten und das sähe man ihnen wohl an. Der Alte sprach, daß ihnen dergleichen Schätze, wenn es sie hier gäbe, wohl vorenthalten blieben, weil sie so ein Handwerk hätten. Dergleichen vergäße ihnen Wald und Berg niemals, und er wäre immer froh, wenn er heil und unangehalten davon käme, daß nicht etwa ein Baum ihn zerschlüge oder etwa der Vogelhans ihm begegnete oder sich drüben im Grund der Hockauf ihm auf die Schulter setze.

Sagte ein Dritter plötzlich, der den Schmied immer angestarrt, ein Kleiner mit rotem Haar und schiefem Gesichte, o ja, er wüßte doch etwas … Und die anderen auch. Oder vermöchte sich keiner auf das alte Dörrhaus am Käntel zu besinnen?

«Freilich, freilich», riefen die anderen. Dort läge, man erzählte das so, ein vergrabener Schatz, aber vielleicht sei es dem Gevatter recht, auch den zu finden?

Der Schmied sah die Brüder an.

Ja, warum nicht? Wenn er ihn nur bekäme! Nähme es mit Tod und Teufel auf! Aber er müsse doch fragen, warum die Vettern denn nicht selber, da sie doch darum wüßten – –

Da lachten die Holzhauer alle miteinander.

Der Alte, sich den Schopf krauend, gab zur Antwort, daß eben doch allerhand damit verbunden sei, mit dem sie nicht so recht fertig werden könnten.

«Wenn's weiter nichts ist», höhnte der Schmied. «Bin schon mit manchem anderen fertig geworden, wie ich sage. Gebt mir nur Bescheid, wenn es nicht doch etwa nur eine Bocksbeutelei bedeutet.»

Das sei keine Bocksbeutelei, sagten die Holzschläger, könnte es ja probieren. Sollten nur ein Stückel naufgehen, über den Hussitengraben, nicht eben weit, nur sechs Stunden noch, da läge ein Häusel, ein ganz kleines Häusel gerade am Abhang, den sie das Käntel nennen. Das Häusel heiße man das alte Dörrhaus, weil die Sage ginge, daß man in alten Zeiten dort Flachs gedörrt und gebrochen habe. Müßte damals aber ganz anders dort ausgesehen haben.

Was denn nun damit sei?

«Na», sagte der eine Holzhauer bedächtig, «das wäre es eben, das Häusel lasse sich nicht angreifen. Es dulde dort keinen, heiße es.»

«Warum denn?» fragte der Schmied.

Ob er nicht unten im Dorf das steinerne Tor gesehen habe? Dort hätte vor dem großen Kriege ein stattlicher Bauernhof gestanden. Wären aber die Schweden gekommen und hätten gesengt und geplündert und den Bauer und die Seinen getötet, wie auch die meisten Leute im Dorf. Es heiße aber, daß die Schweden nicht viel gefunden, sondern daß der Bauer sein Gold hier oben im Dörrhause versteckt und das gebeten habe, es zu bewahren. Viel Gold und viele Schätze. Man hätte aber später nicht eine Spur davon gefunden.

«Und dabei ist es geblieben, die lange Zeit?» fragte der Schmied. «Hat keines – –»

«Hat mancher seitdem versucht, ist aber jeder schnell wiedergekommen, wenn er überhaupt – – wieder gekommen ist», sagte der Holzschläger.

«Oho! Und was ist denn? Was ist dort oben?»

«Das weiß keiner.» Man hätte einmal eine ganze Wache über Nacht in das alte Dörrhaus gelegt, an einem nebligen Herbsttage sei es gewesen, fünf Mann. Aber von den fünf Mann sei keiner mehr gefunden worden am anderen Tag.

«Hoho! Seien doch wohl heimlich über alle Berge gegangen», lachte der Schmied. Nun, was auf ihn ankäme, das wolle er tun. Jedenfalls wolle er hin und sich das Häusel ansehen.

Sie stiegen.

Der Holzplatz war bald weit. Die Einsamkeit des Waldes umfing sie. Obgleich sie stiegen und stiegen, nahm das Dickicht kein Ende, und Crispin meinte, daß der Bauer nicht übel gehandelt habe, wenn er sein Gold in dieser Einöde versteckt.

Der Gefährte aber lachte und spottete und sagte, wenn sich das nicht als eine Bocksbeutelei zeige, dann wisse er nicht, wie so etwas in dieser aufgeklärten Zeit noch möglich sei. Ja, das sei das Gebirg. Hier hocke es noch enge aneinander. Hier sei keine Luft. Hier glaube man noch an Vampirs und anderen Unsinn und an den Hockauf und an den Alp und sehe den Rübenzahl über den Kamm schreiten.

Er wurde immer lauter, je mehr sie stiegen und sein Atem nachließ, und Crispin wunderte sich darüber. Aber ihm selber schlug das Herz wie noch niemals, seit er wieder im Gebirge war.

Und auf einmal waren sie an einem kleinen Plan, der von alten Fichten still umstanden war. Und unter denen hart an der Kante, kaum sichtbar, lag das kleine Dörrhaus, ein armseliges Hüttlein, von der Waldfarbe gezeichnet, von Moos und Flechten überwachsen.

Wunderlich aber war es, daß beiden der Atem fehlte, da sie hier standen.

Crispin war es, als ob er den anderen fortreißen müsse. Als ob sie von diesem Platze schleunigst fliehen müßten. Es war nicht so wie damals an jenem Tage, als er die Fährte in dem einsamen Tale fand, es war anders und war nicht minder bang.

Plötzlich hörte er den Kuckuck rufen, den ersten im Jahr weit, weit, weit in den Fernen, und dachte: soll das nicht Geld bringen, wie man sagt? Wenn man etliches in der Tasche hat? Er hatte aber nur einige Böhmen[1] bei sich, das Geschenk aus der letzten Mühle, die er passiert hatte.

Der Schmied aber war schon auf die Fichten zu, die er eine nach der anderen untersuchte. Und währenddem hörte Crispin immer wieder den Kuckuck tief, tief im Walde rufen, ganz wunderlich.

Und plötzlich besann er sich wieder: du bist nun mitten im Abenteuer, denn das Herz schlägt dir wie immer bei einem solchen und du bist mitten in dem, was du wolltest. Und es ist keine Glocke zu hören. Hier – nicht mehr.

Nur der Kuckuck rief.

Der Schmied kroch nun an den Felsen hin und schlug mit seinem Hammer, trat endlich in die Hütte und kam gleich wieder und sagte, er wundere sich, was das wohl sein sollte. Die Hütte sei nur aus armseligem Baum- und Steinwerk und nichts könne in ihr versteckt sein und

1 Böhmen: Böhmische Münzen.

namentlich keine hundert Jahre oder noch mehr. Wenn an dem Märlein von dem Schatz etwas sei, dann stecke er vielleicht im Boden. Aber vielleicht sei er längst gehoben.

Er trat aufgeregt hin und her, und die Gier leuchtete ihm aus den Augen. Sagte, er wolle es doch wenigstens probieren, und Crispin möge ihm helfen.

Das mochte Crispin aber nicht. Auch nicht, als der Schmied ihm zurief, daß er dann nicht an dem Golde teilhaben könnte, das er etwa hier fände.

Und der Schmied bastelte und schlug mit dem Hammer und pochte die armseligen Wände ab und klopfte auch auf den Boden. Aber alles, was er anrührte, war hart wie Stein. Es war nicht mehr zu erkennen, wo das Haus anfing und der Fels aufhörte, es war alles mitsammen eins geworden.

Der Schmied umlief nun das Häuschen, und Crispin bedachte, daß er einem großen Hunde gliche, der seine Beute umschleicht. Aber noch immer rührte er sich nicht, bei dem Werk zu helfen und sah immer wieder lugend ringsum, ob nicht irgend etwas, das er zu spüren glaubte, unversehens käme.

Es kam aber nichts.

Der Schmied erkletterte einen Baum nach dem anderen und spähte von oben, stieg auf das Dach und bastelte und sprach laut und schimpfte, daß Crispin sich nicht gefügig zeigte und verstummte dann wieder in neuem Lugen und Spähen. Das alte Dörrhaus schien ihm ein Rätsel aufzugeben.

Stunde auf Stunde mühte er sich, ohne eine Stelle zu finden, die ihm zuverlässig erschien, nichts war zu sehen.

Armselig, voller Moos und Flechten, in seiner Erdfarbe und Erdstille stand das alte Haus da und verriet nichts. Indem war der Tag verstrichen, es fehlte an Licht und der Schmied mußte aufhören. Nahm sich vor, morgen in aller

Frühe gleich an irgendeiner Stelle aufzubrechen, und wenn er alles um und um wühlen müßte! Crispin aber sollte, da er nicht helfen wollte, währenddem nach Zehrung ins Dorf gehen, da sein Ränzel mittlerweile leer geworden war.

Crispin begriff, ob auch der Schmied noch Speck und Brot genug hatte, daß er ihn entfernen wollte, um das Gold, wenn er es unversehens fand, für sich zu bergen.

Nun mußten sie in der Hütte übernachten.

Der Schmied meinte, daß ihm vielleicht ein Traum käme, der ihm die Stelle des Schatzes verriete. Hockte sich zuhinterst an die Wand und schlief auf seinem Ränzel ein.

Auch Crispin erfaßte der Schlaf, aber er dauerte nicht lange. Fuhr auf und bedachte, daß es noch an keinem Orte, wo er geweilt hatte, dermaßen kalt gewesen sei. Auch damals, in jener … Mühle nicht …

Es war zu merken, daß hier oben noch Winterszeit herrschte, obgleich man keinen Schnee sah. Eine furchtbare Kälte stieg aus Boden und Wänden, ja, sie stand draußen unter den Bäumen und strömte unerbittlich herein. Es war, als ob der ganze stille Platz nichts anderes sei als eine Insel, in Eis gebettet und von Eis umgeben.

Immer unerträglicher wurde die Kälte, und Crispin hörte, wie der Kamerad auch aufwachte, sich regte, die Arme bog und fluchte … Dann starrten sie einander im fahlen Sternenlicht an und zitterten und bebten.

Und krochen hoch und standen mit steifen Knochen in dem kleinen Raume, während die Eisluft noch immer an ihnen zehrte und biß. An Schlaf war nicht zu denken.

Der Schmied trat aus der Hütte und rief, daß es draußen fast ein wenig wärmer sei. Crispin folgte ihm und fand es auch.

So standen sie draußen, taumelig vor Müdigkeit, denn auf den nassen Boden wagten sie sich nicht zu legen, und obgleich sie beide schon manche Nacht in Heuschobern, Scheunen und unterm freien Himmel verbracht hatten und der Regen oftmals geströmt hatte, schien ihnen dies hier etwas Unerhörtes. Der Schmied meinte, das müßte die Höhe sein, seien vielleicht doch mehr gestiegen, als sie dachten. Er ging hin und her, um sich zu erwärmen und bei seiner taumelnden Müdigkeit wäre er beinahe in den Abgrund gestürzt, im letzten Augenblick erst sprang er zurück …

Indem kam aber schon langsam der Morgen, und als die Hütte aus dem Grauen tauchte, übersah sie der Schmied wieder wie etwas, das ihm zu eigen gehörte und mit dem ihm etwas geschenkt worden sei.

Und es geschah, wie abgemacht, Crispin stieg den Weg hinab und kaufte für einen Böhmen Brot und Wurst, bekam auch in einer Weberhütte einen Topf Suppe, mehr konnten die Leutlein nicht geben. Unterwegs kam er wieder an jenem Tor vorbei und beschaute es aufmerksam.

Es war später Nachmittag, als er oben wieder anlangte. Fast hätte ihn irgend etwas bewogen, zur Seite auszubiegen und den Schmied seinem Schicksal zu überlassen. Aber er überwand sich und kam.

Der Gefährte bastelte und bastelte und hatte wirklich ein Stück der Rückwand herausgeschlagen. Crispin stand noch und sah es an: das alte Haus hatte von dem unermüdlichen Willen des Schatzsuchers wirklich ein Loch bekommen.

Der Schmied wandte sich triumphierend: morgen gedachte er am Schatz zu sein!

Indem wurde es aber schon dunkel.

Sie hatten nicht bemerkt, daß der Himmel sich trübte, jäh kam etwas heran und schlich durch die Bäume und umringte sie: Nebel, grauer stiller Nebel.

Der Schmied meinte, das sei wohl im Gebirge oft so, um diese Zeit, und damals in Polen sei es auch nicht anders gewesen. Ihn werde es nicht weiter stören.

Und auf einmal war nichts mehr da als diese kleine Hütte, in die das Grau immer mehr eindrang. Es wurde so finster, daß der Schmied schließlich doch nicht mehr weitermachen konnte. Er fluchte, weil Crispin nicht mittat: so hätten sie das schon längst überwunden.

Dann sah er hinaus. Unerbittlich stand der Nebel draußen, fast schwarz.

Es war unmöglich, jetzt weiterzuschaffen und auch die Hütte zu verlassen. Und Crispin fielen die fünf Wachenden ein. Ob es dazumal ebenso gewesen war?

Der Nebel blieb. Kein Laut draußen, kein Wipfelrauschen, kein Vogelruf, nichts als die unheimliche Stille und die eisige Kälte, die ihnen wieder in die Glieder kroch.

Einmal war es, als ob Eulenruf laut würde, dort von jener Fichte her, aber wo war sie?

Und war es schon um den Abend? Sie hatten jede Zeitbestimmung verloren. Endlich legten sie sich doch wieder auf den Boden zum Schlafen nieder, hinaus konnten sie nicht.

Der Schmied redete noch eine Weile von dem Schatz, und Crispin hörte ihn auch wieder an dem Loche basteln, das ihm zunächst lag. Noch ein paar Worte, Fluchen, Umwerfen. Dann war es still.

– – Auf einmal aber war es dem Crispin, als ob in weiter Ferne ein Ruf ertönte.

«Bruder – – Bruder – – –»

«Bruder … Bruder …»

Was war? Er besann sich erst nicht. Was war? Was rief?

Und wieder, von weither: «Bruder, Bruder – –»

Wie ein Schrei aus tiefster Not.

Crispin fuhr in dem Dunkel hoch.

Und wieder: Bruder – Bruder – –

Er griff an die Wand. Griff weiter. Suchte sich aufzuheben und stieß an. Wo war er?

Wo? Wo? Alles war verschoben, vertauscht, er stand und tastete und wußte nichts mehr. Nichts. Nichts. Nichts. Kein Funken Tageslicht, kein Dämmern, alles verwirrt, entfernt, ungreifbar. Ja, war er denn noch drinnen in der Hütte oder … oder schon draußen auf dem Felsen? Und wo war der Schmied? Noch immer das Rufen: «Bruder … Bruder … Bruder …»

Wo, gnädiger Himmel, wo? Wohin waren sie geraten, wohin getragen … was geschah ihnen? Da stieß Crispin an seinen Ranzen, besann sich darauf, daß er Feuerzeug drinnen habe, erhaschte es endlich und, während in dunkler Ferne noch immer ruckweise der angstvolle Schrei erscholl, fand er das Feuerzeug und schlug Licht.

Und sah sich halb am Ausgange der Hütte, halb drinnen, halb draußen. Vom Schmied hörte er nur wieder die ächzende Stimme aus der Ferne.

Es rief noch einmal: «Bruder, Bruder, hierher …», und Crispin mußte an jene Wachenden denken, ob es ihnen so ergangen war?

Dann ging er hinaus, vorsichtig, Schritt auf Schritt und hatte Mühe, daß die herabschlagenden Tropfen, wie Steine schlugen sie aus dem Unsichtbaren, das schwache Flämmlein nicht erschlugen. Schritt für Schritt, rufend, spähend, den Stecken immer vor sich setzend, ging er weiter und fand den Schmied mit ganz verwandeltem Gesicht hart am Abgrund, die Arme um einen Baum geklammert, der sich dort eben noch hielt.

«Was ist dir?» stammelte er, selber an allen Gliedern zitternd. «Wie kommst du hierher?»

Der Schmied starrte ihn an und konnte kein Wort sprechen.

Crispin nahm ihn aber am Arm und, vorsichtig die Flamme haltend, zog er ihn wieder zur Hütte zurück, in die der andere aber nur zögernd trat, während die Flamme erlosch.

In dem Augenblick aber sahen sie, daß eine leise Dämmerung durch den Nebel kam, und eben ließ sich hoch über ihnen ein Finkenhähnchen hören.

Was war das gewesen?

Der Schmied warf die Arme hin und her und erzählte, daß er es nicht wisse. Im Traum wohl müsse er hinausgekommen sein. Habe von lauter Schätzen geträumt, ja, sie deutlich liegen sehen, zu Scharen, zu Scharen, und da er nach ihnen zu greifen meinte, sei er wohl aus der Hütte hinausgeraten. Draußen habe ihn Grausen gepackt, mit Mühe habe er sich an dem Baum gehalten, da er das Gefühl gehabt habe, als ob ihn etwas stieße. In seiner Angst habe er gerufen und da –

Indem aber veränderte sich sein Gesicht.

Es war hell geworden und klar wie gestern, blau dämmerte der Himmel herein, und hier war das klaffende Loch im Stein.

Der Schmied sah es. Trat auch aus der Hütte und betrachtete den Platz und schüttelte den Kopf.

«Muß absonderlich geträumt haben, wie mir scheint. Ist mir doch in Polen nicht einmal passiert.»

«Schmied, wir wollen diesen unheimlichen Platz verlassen!»

Der andere lachte.

«Werd mich nicht ins Bockshorn jagen lassen. Meine nun selber, daß etwas Absonderliches an diesem Platze ist. Aber gerade darum will ich ihm den Schatz entreißen.»

Er übersann es noch einmal, aber die böse Nacht besiegte seinen Widerstand. «Will ins Dorf hinab und einen suchen, der mir hilft, das Hüttlein zusammenzureißen. Anders ist ihm der Schatz nicht abzuzwingen –»

Sie gingen und je weiter sie kamen, desto erheiterter war der Schmied von seinem Abenteuer und schwor, nicht loszulassen, bis das Geheimnis offenbart sei!

Unten im Dorfe war er erst vorsichtig und horchte nur verstohlen herum, man sah sie groß an, als man vernahm, daß sie in der verwünschten Hütte hausten. Aus einem Gärtnerhause liefen sogar die Frauenzimmer, junge und alte, und schauten ihnen nach.

In der Schenke fand der Schmied endlich einen Weber, der bereit war, dieses Abenteuer zu erleben. Er stellte aber die Bedingung, daß auch sein Freund teilhaben müßte, und sie gingen den suchen. Es zeigte sich, daß es jener rotschöpfige Holzschläger war, den sie neulich im Walde getroffen hatten. Daß ihn der Weber aber mitnahm, geschah wohl nicht aus Freundschaft, denn ihm war es auch nicht ums teilen, aber die Sache war ihm nicht ganz geheuer.

Hatte doch mancher, ohne daß man wußte, wie es zugegangen, den Sprung vom Käntchen gemacht.

Darüber war es Abend geworden, und der Aufstieg lohnte nicht mehr. Vielleicht war es dem Schmied, trotz seiner lauten Worte, ganz recht, die Nacht unten verbringen zu können.

Sie schliefen auch vortrefflich im warmen Heu der Schenke, und als der blaue Morgen lachte, erschienen dem Schmied die Kameraden, die er sich aufgeladen hatte, vollkommen unnütz.

Die Burschen waren aber zur Stelle und so stieg man hinauf und war, als die Sonne am höchsten stand, nach etlichem Irren, das sonst nicht passiert war, am Käntchen.

Die beiden Neuen gingen hin und her, besahen die Hütte und erkundeten alles ringsum, ohne es recht zu wagen, einzutreten. Erst als der Schmied hineinging, folgten sie seinem Beispiel, und bald waren sie zu dritt an der Arbeit. Crispin sah sich immer um, ob kein Wetter käme oder ein Nebel, aber der Himmel blieb blau und klar, und die beiden Burschen, denen sein Dabeistehen sonderbar war, sahen sich immer wieder nach ihm um.

Obwohl der Weber groß und stark und der Holzknecht an gehöriges Zuschlagen gewohnt war und der Schmied aus Leibeskräften hämmerte, ging und ging es nicht voran, jenes Loch erweiterte sich nicht mehr und es gelang auch kein anderes durchzubrechen. So viel Schläge das eiserne Holzwerk auch erschütterten, so viel Eisen dagegengestemmt wurden, nichts drang hindurch, nichts ...

Zum Abend war der Schmied in tollem Fluchen. Er warf den Hammer hin und schrie Crispin an: nur, weil er sich faul dahinten gehalten hätte, wären sie nicht vorwärtsgekommen!

Der Weber wischte sich den Schweiß von der Stirn und meinte, daß es einem Schock[1] Soldaten auch nicht gelingen würde, was sie wollten. Der Schmied solle sich das nur aus dem Kopf schlagen.

Der Rote stand dabei und sagte gar nichts.

Schrie der Schmied aber wieder, daß er schon anderes erlebt und dergleichen Narretei ihn nicht schrecken könnte ... er wolle nun einfach das ganze Hüttlein zusammenreißen!

Die anderen sahen sich an.

Der Schmied sprang mit einem Ruck auf das Dach und begann oben zu reißen und zu stemmen und im Augenblick

1 Schock: eine Mengeneinheit; ein Schock entspricht einer Menge von fünf Dutzend, hier also einer Gruppe von 60 Soldaten.

flogen auch schon Massen von Moos und Geflecht, große fahlgrüne Flecke auf den Boden. Schrie, daß es hier am besten gehe und man vernünftiger getan hätte, oben anzufangen. Und Stücke und Steine flogen, immer wieder dicke Klumpen von grünem Geflecht und Erde. Ja, hier ließ sich das verwünschte Haus angreifen, man sah, es ging.

Der Schmied zitterte förmlich vor Triumph. Hätte die anderen jetzt am liebsten weggehabt, aber sie begehrten wieder mit zu tun.

Es wurde aber dunkel, und sie mußten die weitere Tat auf morgen verschieben.

Waren nun aber alle sehr heiter und wurden es noch mehr. Denn der Schmied zog das große Fläschel hervor, das er unten hatte füllen lassen und die der anderen waren auch nicht leer und so ging es reihum und auch Crispin trank, wenn gleich nicht viel. Es war eine große Unruhe in ihm, immer mußte er nach oben schauen, wo es ihm war, als ob die Sterne schon hereinglimmerten und auch nach draußen, wo die großen dunklen Klumpen lautlos auf dem Felsen lagen, so, als ob das Haus sich selber beschaue. Die anderen aber tranken und tranken, besonders der Schmied, und Crispin wußte wohl, warum er sich so einheizte, hatte auch allerhand Gesträuch und Baumwerk und von jenen Trümmern herangebracht und die Tür damit fest zugestopft.

Tranken und sangen, daß der Wald gellte und fielen endlich um und schliefen ein, einer neben dem anderen.

Crispin aber fühlte noch mehr das sonderbare Grauen. Ließ es das Haus nun doch zu, daß es von Habgier zerstört wurde, und ließen es auch der Wald, der Fels und alles da draußen zu? Immer wieder mußte er nach oben schauen, wo durch die gebrochene Wand das Sternlein schaute, und ob wohl sein Herz stark schlug, wie alle die

Hammer, die hier erklungen waren, fielen ihm doch die Augen zu.

War ihm dabei aber, als ob das Haus deutlich um ihn sei, ja, ganz deutlich, und er fühlte auch die Steinbrokken da draußen. Fühlte, wie alles auf sie einrückte, immer näher und näher, und eine furchtbare Angst ergriff ihn im Traum, jetzt sah er, daß sie in einem verwünschten Hause waren, jetzt kam es, jetzt stürzte es sich auf sie!

Nicht gelungen war ihm, den Frevler hinabzuwerfen, jetzt … jetzt, jetzt stürzte das Haus auf sie!

Und Crispin fuhr mit einem Ruck auf und hörte den Schmied schnarchen und schaute nach oben und suchte und suchte, aber sah das Sternlein nicht mehr. Schob den Kopf, um es wiederzufinden, sah es aber nicht und dabei war ihm wieder, als ob das Haus mit ihnen allen zum Abgrund hinstürze, als ob es sich hin und her werfe, um die Diebe zu verscheuchen, als ob es sich bäume und richte und rüttele und immer wieder hin und her wiege …

Darum war das Sternlein nicht mehr da, das Haus bog sich … ja, es bog sich …! Und jäh fühlte Crispin mit einer ungeheuren Deutlichkeit, wie das alte Haus seine ganze Gewalt zusammenholte, wie es sich hochhob mit jedem Stein und sich dann mit aller Gewalt auf sie zurückfallen ließ … Und es war ihm zugleich, als ob Schatten es umflögen, zu Scharen, zu Scharen … Lauter Schatten tauchten in dem dunklen Walde auf, mein Gott, was war denn das …? Was kam, was wollten die … Und er sah, wie sich alles auf sie stürzte und mit ihnen das ganze Haus …

Und fuhr wieder empor und sah, das Sternlein war nicht da, und warf sich hoch, um dem entsetzlichen Drucke zu entgehen … das Grauen voriger Nacht war wieder da, noch entsetzlicher … er schrie in seiner Not, besann sich auf die anderen, die hier waren und konnte es doch nicht so recht … schrie und schrie … Und hörte den Schmied emporfahren und schreien, nicht anders als er, in derselben grauenhaften Angst. Und keiner wußte, was war, taumelten alle gegeneinander und schlugen um sich und schrien.

Und auf einmal rief einer: «Es brennt … es brennt …»

Und jetzt wurden sie inne, daß das, was sie umfächelte und erdrückte und in sie drang, nichts anderes war als Qualm und Rauch … dichter und immer dichter … Sie spähten und sahen oben aus dem Dach, an dem der Schmied gerissen, die kleinen Flammen herausschlagen. In jähen Strömen liefen sie nach unten und knisternd flammte es schon an den Seiten auf … Und etwas wie ein Stoß kam hinein und in dem Augenblick erhob sich die entsetzliche wilde Musik des Feuers, ein Knattern, Brausen und Dröhnen – – –

Sie waren nun alle vorgestürzt und suchten nach der Tür und konnten sie nicht freimachen. Und suchten und stießen mit ihren Füßen und Armen, Schultern und Häuptern, rannten und überrannten sich und stemmten sich in wilder Angst, aber die Tür rührte und rührte sich nicht, das hineingesteckte Baumwerk hielt eisenfest.

Und die Flamme schlug und leckte zu ihnen herunter und brauste summend übers Dach, und der Dunst schlug in Wolken zu ihnen, Wasser lief und neben ihnen flammte es schon auf, ja, Brausen und Brausen erhob sich um sie und über ihnen, und sie schrien und rüttelten und liefen wieder, wie die Wilden brüllend, im Kreise, bis es Crispin endlich gelang, die Tür aufzustoßen.

Und sie taumelten hinaus und stürzten draußen nieder, und währenddem schlug die Flamme das ganze Häuschen ein und brannte es zunichte.

Und sie sahen es aufsteigen, bis hoch in die Bäume und sahen die schwärmenden Funken, die sie auswarf, aber am schrecklichsten war dieses Brausen und Heulen und

Knattern des Feuers. Und ob es auch schien, als ob der ganze Wald brennen würde, der Weber und der Rote waren längst davongestürzt, und ob es auch war, als ob alles weithin zu Asche würde, so brannte doch nichts anderes als die Hütte, und als der Morgen kam, lag sie in Asche.

Der Schmied, dem Kleid und Haut in Fetzen hing und dem am übelsten mitgespielt schien, war voller Unruhe. Nein, nun ging er doch nicht fort! Schon jetzt schlich er sich an die glühende Asche heran und stocherte.

Denn jetzt mußte der Schatz sich doch endlich zeigen!

Jetzt hatte ihn das Häusel selber preisgegeben.

Und er forschte und suchte und hernach, als die Abkühlung kam, suchte er wieder Stunde um Stunde. Legte sich in die warme Asche schlafen, aus Angst, daß Crispin sich vielleicht heimlich an den Schatz machen könnte. Crispin kauerte sich unter einen Baum, etwas hielt ihn an diesem Platze und ließ ihn dem seltsamen Spiele noch immer zuschauen.

Aber nichts geschah.

Der Schmied schlief ruhig, kroch am Morgen heraus und wühlte von neuem.

Warf die Trümmer nach allen Richtungen. Holte sie zurück und durchsuchte sie wieder. Und durchsuchte den ganzen Schutt des Hauses nicht einmal, sondern zehnmal nach goldenen oder silbernen Schätzen. Aber er fand nichts.

Danach nahm er die Hacke und fing an, den Boden aufzuhauen. Und hieb und hieb, ein paar Zoll. Dann nicht mehr weiter. Weiter ging es nicht. Weiter ließ ihn der Boden nicht. Er blieb ihm verschlossen, blieb eisenfest wie einst das Haus.

Und es war nichts zu machen und nichts zu finden.

Das Haus am Käntchen hatte sein Geheimnis bewahrt.

Da sprang er mit einem Fluch in die Büsche und verschwand.

DER KUCKUCK RUFT

Crispin fand sich auf einmal allein auf einer Höhe.

Er stand noch etliche Weile. Dann ging er langsam weiter. Nun befeuerte sich sein Blut, er begann zu marschieren und jetzt war er wieder mitten im Wandern.

Im Gebirg.

Aber in ihm war kein Grauen. Er sprang vorwärts wie der lustigste Bruder und fürchtete sich nicht. Nur weiter, immer weiter. Die Sonne belebte ihn, immer rascher trieb sein Blut. Er sah dieses und immer wieder anderes. Und weiter ging sein Schritt, lange von jenem Käntchen fort. Er kam an die Kuppe, die der Schmied vergeblich gesucht hatte, überquerte ein Tal und erklomm eine andere Höhe, sah wohl ein Dörflein in der Tiefe, aber wanderte hoch an ihm vorbei, hatte Mundvorrat und es trieb und trieb ihn eben. Er sang und pfiff und es schien ihm, als ob noch kein Tag so schön gewesen war wie dieser. Und es kam ihm eine Ahnung, was der Frühling im Gebirge sein könnte.

Sah den Stein zu Seiten sich aufbauen, sah wie die Buchen aufgereiht standen, mit runden Stämmen, die manchmal tiefhellgrau, oft aber blau schimmerten und oben an ihren silbernen Ästen drehte sich und flimmerte das letzte rote Laub vorigen Jahres. Und es war fast ein Mirakel: rot besprengt der Boden, rot die kleinen flimmernden Blättchen und grau nebeneinander, still und hoch die steilen Stämme, graue und blaue Schatten werfend und über den Berg in lautlosen Scharen gleichsam hinwegeilend. Zwischen ihnen der tiefblaue Himmel durchschimmernd und flimmernd und alles im großen Lichte der Sonne.

Auf der anderen Seite des Weges ging es in eine jähe Schlucht, aus der junge Birken wie silberne Lanzen stiegen auch zu Scharen, zu Scharen.

Ja, es ward Frühling. Über Nacht war er hierher gekommen, da das alte Dörrhaus in Flammen stand. Und ob auch noch nirgends ein grünes Blättlein zu sehen war, so war es auf diesem Berge doch jetzt eben Frühling.

Und auf einmal hörte Crispin wieder den Kuckuck rufen. Und ob es auch noch früh war, es war wieder der Kuckuck, und Crispin dachte: er ist vielleicht auf der Reise und schreit sich hier aus.

Er gibt und gibt ja keine Ruhe.

Immer wieder und wieder kam der dunkle Laut, bald aus der Nähe, bald wieder aus fernen Tälern.

Crispin aber wanderte rüstig weiter und spähte, wie er immer getan hatte, und nichts in ihm war Bangen und begehrte dahin zurück, woher er vor wenigen Tagen gekommen war.

Der Weg senkte sich jetzt ein wenig, es war, als ob der Wald von oben ihn verstelle. Crispin sah weiter unten eine Buche wie mitten im Wege stehen, riesenhoch, steil und blau.

Immer wieder mußte er dahin schauen, so seltsam war ihm noch keine vorgekommen. Fast war es, als ob da unten am Baume ein lebendes Wesen lehne und auf ihn warte. Er ging aber rüstig weiter darauf zu, immer wieder hinabschauend.

Unten regte sich nichts. Noch immer stand da die große Buche, blau und grau, einen großen Schatten werfend. Und auch der Kuckuck rief nicht mehr. Blaumännlein, dachte Crispin, während seine Gedanken sich wunderlich zerstreuten, Graumännlein und dann mit einem Male: Pumphut!

Stand steif und still.

Und starrte.

Und sah eben dort, wo der Weg sich wandte und die Buche stand, war ein großer Langer, von oben bis unten grau wie die Buchenstämme und mit hohem spitzen Hute.

Sein Herz schlug.

Pumphut.

War das möglich?

War der Müller Pumphut, von dem alle wußten, doch noch da und wanderte er noch immer durch die Welt?

Crispin ging wie angezogen den Berg hinab und sah immer deutlicher: ja, es war Pumphut!

Der Fremde rührte sich noch immer nicht von seinem Platze. Schaute aber auf ihn und sagte: «Ich habe auf dich gewartet.»

«Auf mich?»

«Auf dich. Ich rief schon lange nach dir.»

«Das warst du? Der – –»

«Der Kuckuck, ja, der bin ich. Wußtest du das nicht?»

«Ich habe nicht viel von dir gehört», sagte Crispin.

«Als Müller müßtest du es doch. Und mir ist, als ob man vor kurzem, in einer Mühle da unten, wo das Wasser so rauschte …, als ob man da doch allerlei von mir berichtet hätte …»

Es war, als ob der Pumphut lachte. Was man eben bei ihm lachen nennen konnte. Sah man von seinem Gesichte, ob es nun jung oder alt war, kaum etwas durch den hohen spitzen Hut, der ihm tief in der Stirne saß. Sah man auch die Augen kaum, obgleich man sie manchmal funkeln zu sehen meinte.

«In der Mühle da unten», stieß Crispin aus.

«Du magst nichts mehr von ihr hören? Nun, ist mir recht. Wäre sogar unsinnig, wenn es anders wäre. Was ein rechter Müller ist, der muß wandern und nicht etwa unten bei den dicken Säcken sitzen.»

Da der Crispin nichts sagte, fuhr er fort: «Und ich bin gekommen, dir den rechten Weg zu weisen. Oder glaubst du, daß ich mich nicht darauf verstehe?» Und er sah den Crispin an und den berührte es wie Hauch und Staub von unendlichen Straßen, wie Ruch aus unendlichen Wäldern, wie Strömen unzähliger Bäche, Dröhnen unendlicher Mühlräder, wie wandern – wandern – wandern –

Er fuhr zusammen und sagte halb wie im Traum: «Ja, ich glaube, daß du es verstehst. Aber so sage mir doch, woher kennst du mich?»

Der Pumphut lachte wieder. «Sah dich einmal, und es ist noch nicht lange her, obgleich Eis und Schnee war. Aber mir ist, als wolltest du davon auch nichts mehr hören … War im Sturme über dir … in den zwölf Nächten …»

«Wie kommt das, daß du immer noch … wanderst», stieß Crispin hervor.

«Warum soll ich nicht wandern?»

«Sagt man nicht – – »

«Was?» fragte der andere listig.

«Daß du schon vor langen Zeiten – – –»

«Oh, guter Freund, dieser Lärm läßt keinen von meiner Sorte schlafen. Dachte, du mußt doch wieder nach Schlesien und nach den Müllern sehen. Nein, denke noch lange nicht an das Ende, guter Crispin. Ist mir wohl prophezeit, wie das sein wird, ist aber noch lange nicht da.»

Und er marschierte rüstig neben dem Crispin hin, und der Staub flog und es war dem, als ob es doch ein ganz anderes Marschieren sei, als ob der harte rote Boden nur so unter den Füßen flöge, das Felsgestein nur so vorbeiwanderte, und als ob die vielen Buchen, die vielen, vielen grauen und blauen Buchen in einem jähen Tanze nebenher zögen. Und alles tat sich auf und glitt vorbei und die Lüfte zogen: Wandern, ja wandern – – –

Der Pumphut fuhr fort: «Es ist euch also gesagt worden, ich hätte meine Tage schon beschlossen? Ist nicht an allem Narrentratsch etwas Wahres. In meiner frühen Jugendzeit ist mir von einer Drulle prophezeit worden, daß nichts anderes mich zu Ende bringen könnte als ein über die Maßen reizendes Frauenzimmer. Aber glaubst du wohl, Crispin, daß mir solches schon begegnet ist?»

Und er lachte und schritt aus.

Und Crispin sah jetzt, daß der Weg sich neigte und sie auf ein Tal zuschritten. Und es war ihm recht, denn das schnelle Wandern, er wußte nicht wie weit sie schon gegangen waren, hatte ihn hungrig und durstig gemacht. Jetzt sah er schon Häuser zu seinen Füßen und das schäumende Wehr einer Mühle.

Und Pumphut ging eilends hinab, und Crispis gewahrte, wie ein alter Hirte, der mit der Herde auf dem Abhange war, die Kappe rückte, die Hand über die Augen legte und starr aufgerichtet blieb, als ob ihn etwas Wunderliches bezaubert hätte. Und der Hund des Schäfers, der hinter ein paar Lämmern her gewesen war, hielt mitten im Satze inne, duckte sich und knurrte und keuchte in einer wunderlichen Art.

Und Crispin war in dem Augenblick, wie sie inmitten in der Sonne über den Wiesenhag schritten, als ob unter des Pumphut Füßen kleine Feuerfunken sprühten.

Zog der Müller, der vor der Türe stand, fast ehrfürchtig die Kappe. Es war ein Graukopf, und er sagte, daß er den Pumphut vor Jahren schon gesehen. Sagte ihnen den Willkommen, noch ehe sie den Handwerksgruß sprachen, ließ ihnen durch die Müllerin gleich das Geschenk reichen und in der Mühle einen guten Bissen auftischen. Brot, das angeschnitten, und Butter, die gleichfalls schon gehälftet war, denn so ist das mit den reisenden Müllern: sie dürfen weder Brot noch Butter anschneiden. Eher müssen sie auf das Mahl verzichten.

Hier aber war alles in Ordnung, und der Pumphut sagte halblaut zum Crispin, daß es ihm scheine, als ob er vor Jahren hier ein kleines Spiel gehabt hätte und es könne sein, daß es der Müller noch nicht vergessen.

Crispin aber meinte, daß es sich mit dem Pumphut besser wandere als mit jedem anderen Kameraden, und der sagte: «Wirst schon merken. Wirst schon merken.»

Vor der Mühle aber, die bedächtig ging, als ob in ihrem ganzen Leben noch kein Spuk sie berührt hätte, stand eine Herde Kinder, die vom Spinnrad weggelaufen schienen, so sehr hatte die Neugier sie beflügelt, und auch etliche Weiber, die Pumphut mit großen Augen maßen, aber kein Wort sagten. Die Männer aber mochten, so weit sie nicht am Webstuhl saßen, drüben auf den Feldern sein, deren kleine Stücke man grün und rot ob dem Dörflein in der Sonne schimmern sah.

Als sie aber das Dorf verließen, der Müller hatte ihnen noch beste Zehrung ins Ränzel gedrängt, gewahrte Crispin auf einmal, wie aus einem Seitenwege ein Mensch hinter ihnen drein kam. Und als sie an einem Stein vorüberkamen, der mitten im Felde stand, richtete sich dort ein alter Bettler auf, spähte scharf und kam. Und alle Hunde des Dorfes bellten hinter ihnen drein.

Crispin aber sah ein Wässerlein schimmern und diesem folgte nun der Pumphut querfeldein, und es ging einen neuen Berg hinauf und wieder ins Weite. Schatten war hier oben nicht, die Sonne brannte, und man sah grüne Büsche und frisches Gras und hörte die Lerchen singen, und Pumphut sagte auf einmal, daß er etwas für den

Crispin hätte, er blinzelte, für ... für die im Kloster, und dann würde er nicht mehr an die denken.

Und ging in den Wald hinein, wie einer, der hier zuhause ist und gestern erst hier gewesen, wandte sich kreuz und quer, über schmale Steilpfade und auch Richtwege und Wildbahnen und Pascherpfade[1], wie es schien, nur einmal wich er hastig noch im letzten Augenblicke aus, und aus dem Grase erhob sich etwas wie ersticktes Summen, wie Crispin es noch niemals vernommen, ein Klagen und Seufzen, Bitten und Rufen:

«Graurock, Graurock – –

Graurock, Graurock – –»

Aber der Pumphut ging vorüber.

Und es war, als ob hier in der Einsamkeit alles aufgerichtet und wachend sei. Als ob sich in den Büschen hunderterlei rege und hebe, das so lange geschlafen hatte und von dem man drunten nichts mehr wußte.

Und wieder ging es einen Hang hinab und wieder waren sie an einer Mühle.

Eine Wassermühle, es schien, als ob sie an dem gleichen Wässerlein läge, dem sie schon in der Frühe gefolgt waren. Es sprang und rauschte über das Wehr, und die Mühle ging stattlich und fest, und auf dem First saßen die weißen Tauben, im Fenster lag die Katze und in der Hütte bellte der alte graue Hund. Es war, als ob er zu alt sei, um die Gäste genauer zu erkennen, denn er stellte sich nicht anders an als die Hunde der Ebene.

Und jetzt kam der Müller aus der Stube, die Kappe zurückgeschoben, über und über mit Mehl bestäubt und übler Laune. Denn es war ihm der Gesell davongelaufen, zween Stunden ehe sie gekommen, und nun konnte er

1 Pascherpfade: Schmugglerwege.

sehen, wie er fertig wurde, da das ganze Korn vom Oberdorfe noch daläge und der Kluge-Bauer noch auf das Seine warte und der Glomp aus dem Bachhofe auf das Seine. Und schimpfte und schalt, und wie er die Zwei in der Türe gewahrte, holte er noch kräftiger aus.

«Ihr Tagediebe», rief er, «seid ihr auch von der Sorte? Habe von dem einen schon genug und will nichts mehr von den anderen. Macht, daß ihr fortkommt, he, Pluto, hinterher ... ja, ja ... he ... he. Und keinen Bissen Brot und nicht, daß ich euch das Geschenk gäbe, ihr Fallote[1], rate euch nur, nehmt den Weg unter eure faulen Füße und seht zu, daß euch der Pluto nicht in die Waden kommt! He! He!»

Und hetzte und kläffte, und der graue Hund kläffte auch, und der Staub wehte, nur die graue Katze bog sich ein wenig vor und schaute ihnen mit einem sonderbar gedehnten Halse nach.

Pumphut und Crispin aber wanderten, und der Staub flog unter ihren Füßen und war weiß wie im Sommer. Und es säumten den Weg lauter weißblühende Kirschbäume, so daß der Crispin dachte, daß er in diesem Jahre schon den zweiten Frühling erlebe, und er war des Wartens, was noch alles kommen möge.

Und es kam schon etwas.

Sie hörten es hinter sich schreien und rufen.

«Wende dich nicht um», sagte der Pumphut.

Und sie wanderten.

Aber das Schreien wurde lauter und näherte sich ihnen, also daß der, von dem es kam, gewaltig lange Beine machen mußte, um dem Pumphut nur beizukommen.

Und auf einmal ward es dem Crispin so sonderbar, und er schaute zur Seite und merkte, daß das Plätschern

1 Fallote: Falott, Gauner.

und Schäumen des Baches wirklich verstummt war: nur ein schwaches Rinnsal floß über die Kiesel, und die rotgetupften Fischlein schnellten und wippten vergeblich, und immer langsamer wurde der Zug des kleinen Baches, und immer höher wuchsen die Gräser an seinem Ufer.

Und immer heftiger wurde das Schreien und Rufen hinter ihnen. Und lauter und immer lauter.

Und Crispin sah, der Bach stand nicht mehr in seinen Ufern. Er war fort.

Die Fischlein schnappten und wanden sich.

«Was ist?» fragte er.

Und Pumphut sagte: «Sie dich nicht um.»

Hinter ihnen aber schrie der Müller.

«Habt Erbarmen. Gebt mir das Wasser wieder in meinem Bach! Haltet! Um aller Heiligen willen, haltet – –»

Das war von ihm nicht gut gesagt, denn der Pumphut beschleunigte seine sonderbar langen Schritte noch, und Crispin flog mit ihm über den weißen blendenden Staub der Straße, und vor ihnen tauchte ein graues Brücklein auf, denn der Bach floß nun über die Straße weg.

Und der Müller schrie hinter ihnen «Haltet! Haltet!»

Der Pumphut sagte: «Diesem Geizhals ist die Angst sehr gut. Den Knecht hat er so knapp gehalten, daß er heute die Geduld verlor, und die Magd ist schon lange weg, weil sie es mit ihm nicht länger ertragen konnte. Hörst du, wie er schreit? Ja, das hat er sich heute früh beim Aufwachen doch nicht gedacht. Sah das Bächlein noch fließen und hörte das lustige Rad, aber nun steht es und rührt sich nicht mehr, und die Mühle ist stille. – Hörst du ihn?»

Und der Müller schrie und schrie, fern im Staube.

«Er sieht die Brücke», sagte Pumphut. «Er weiß, daß er uns nicht mehr holt, wenn wir über das Wasser sind. Hörst du, wie er schreit?»

Und der geizige Müller schrie und schrie.

Da blieb der Pumphut stehen und rief ihm zu: «Kehre um, es soll noch einmal gut sein. Aber hüte dich, die Magd wieder zu schlagen und den Knecht hungern zu lassen, und so ein Wanderbursche zu dir kommt, magst du ihm von dem Besten auftischen, das du im Schranke hast und an dem Geschenk laß es nicht mangeln. Und nun gehe.»

Der Müller lamentierte noch, aber er verstummte.

Und Crispin sah, wie das Wasser im Bach sich auf einmal über den Boden hob, daß die Kiesel erglänzten und die Fischlein Luft bekamen und die Wasser wieder strömten, morgenwärts der Mühle zu.

Und der Müller kehrte um und war bald im Staube verschwunden. Und das Wasser im Bach sprang wie vorher.

Und sie waren nun über die Brücke und sahen einen Wiesengrund, durch den die Landstraße lief, und ringsherum häuften sich die Berge wie Wolken. Sah auch ein Getürm herüber wie eine alte Burg, aber der Pumphut sagte: «Es ist nicht an unserem Wege, und eilen müssen wir.»

Und da es Abend war, stiegen sie hinauf zum Walde, legten sich und schliefen in aller Ruhe bis der Morgen graute.

Als sie weiter wanderten, geschah es zuweilen, daß etliche herankamen, die wie Pascher[1] oder Garnmänner[2] aussahen und allerhand Botschaft brachten und gleich wieder verschwanden. Der Tag war sehr warm, über den Höhen aber malte es sich grau und schwarz, und ein Flackern zog herüber und verschwand. Pumphut sagte zum Crispin wieder: «Eilen müssen wir», und sogleich waren sie aufs heftigste im Gange und mitten im Walde, und Crispin war jetzt voll größter Neugier auf das, was kommen sollte.

1 Pascher: Schmuggler.

2 Garnmänner: umherreisende Händler, die Garne und Garnprodukte kauften, verkauften und tauschten.

Es dauerte nicht mehr lange, da hörten sie aus einem Tale die Glocken.

Crispin erschrak und ihm fiel ein, daß wohl Sonntag sein möchte.

Und Pumphut sagte nichts, sondern marschierte weiter, und aus dem Tale klangen immer wieder die Glocken.

Und endlich hielt er inne, bog die Büsche und schaute vorsichtig hinab.

Drunten lag das Tal, mehr ein Kessel. Wie ein winziger Winkel lag es zwischen die hohen Berge geschmiegt, über die viele Wetterwolken zogen.

Unten im Tal aber läutete die Glocke, läutete und läutete. Als sie hinabstiegen, sahen sie ein kleines Schlößlein zwischen Fichten liegen und dicht daneben stand die Kirche. Beides war altes Gemäuer, und Pumphut sagte, während sie durch die Büsche näherglitten und es hinter den Bergen grollte, man hieße das Schloß auch den Pechofen, wozu man wohl seine Gründe habe. In ihm hause eine bitterböse alte Frau mit einer ebenso alten Gefährtin, einer Französin, und die wüßten sonst nichts, als armes Volk zu peinigen. Und drunten im Schloßhof werde der Crispin gleich etwas sehen.

Und Crispin sah.

In dem Schloßhof neben der Kirche war ein hölzerner Esel aufgestellt. Auf ihm war ein Mädchen festgebunden, das mußte so alles Volk vor sich sehen, das es bestaunte und belachte und allerhand rief. Es waren die, die jetzt zur Kirche wollten, denn es sollte Hochamt sein und das Mädchen, eine Magd, war von der Herrin verurteilt, hier am Pranger zu stehen.

Crispin konnte sich wohl denken, was die Herrschaft zu dieser Strafe veranlaßt hatte und sah in diesen Augenblikken die Augen des Mädchens – langes blondes Haar hing ihm über die Schultern – aufwärts schweifen.

Und Pumphut sagte: «Das Mägdlein ist eines Müllers Tochter drüben im Grund, und wir wollen es, wenn das Hochamt ist, aus seinen unwürdigen Banden befreien.»

Und währenddem grollte es aus dem Walde, und drunten läuteten die Glocken. Das Volk aber strömte in die Kirche und zuletzt kamen die beiden Alten aus dem Schlosse, die Gnädige mit schwarzen Tüchern bis an die Nase verhüllt und ihre französische Gefährtin noch älter, noch schwärzer und noch stechender und erbarmungsloser im Blick.

Und die beiden Alten blieben vor der armen Sünderin stehen, die mit ihrem blonden Haare gebunden auf dem hölzernen Esel saß, und die Gutsfrau sagte:

«Nun, behagt dir die Strafe, du leichtfertiges Geschöpf? War keine wie diese Müllerstochter aus dem Walde, die sich in meine Dienste begab, und ich dachte, ein fleißiges und ordentliches Mägdlein zu erziehen und fand einen Unband[1], der mit den Mannsleuten von morgens bis abends zusammensteckt, und wo sie in der Nacht ist, das weiß keine Seele. Und also sollst du aber in dich gehen, und wenn es noch nicht sein sollte, so gibt es noch andere Mittel für liederliches Weibsvolk.»

Und währenddem grollte es aus dem Walde.

Die beiden Frauen aber wandten sich mit schleppenden Gewändern der Kirche zu, und die Türen fielen hinter ihnen zusammen. Das Mädchen auf dem Esel aber wandte den Kopf und spähte zum Berge.

Drinnen in der Kirche aber begann die Orgel und das Beten und Singen.

Und Crispin und Pumphut glitten den Berg hinab und es waren kaum etliche Sekunden vergangen, als sie auch schon über der Mauer bei dem schönen Mädchen waren.

1 Unband: unbändiges, rebellisches Kind.

Und Crispin staunte, wie schön es war, und das Bild einer anderen fiel ihm ein, aber er vertrieb es vor sich, da er die Glocken hörte, die diese hier nicht scheute und die nichts über sie vermochten. Denn sie nickte und lachte den Befreiern zu, als ob sie sie schon lange kenne, und Crispin vernahm auch, daß sie den Pumphut beim Namen nannte.

Und über dem Berge grollte es.

Die Blonde aber lachte und sprang von dem Esel herab, denn der Pumphut hatte ihre Bande berührt. Das Mädchen, Tilla hieß sie, setzte die weißen Füße in den Sand und lachte Crispin an. Drinnen in der Kirche sang die Orgel und sang das Volk, aber sie schlich leise über den brennenden Sand und schwang sich wie eine Katze über die Mauer. Setzte die Füße ruhig auf die scharfen Steine und frischen Nesseln und beugte sich nur einmal, da ein versprengtes Küchlein[1] in ihre Hand geriet und nahm es auf und setzte es vorsichtig unter die breiten Klettenblätter drinnen im Garten. Und drinnen schnatterte und schiepte eine Menge gelben Volkes enge an den Zaun gedrückt zu ihr auf.

Das Mädchen aber sprang weiter dem Kiefernwalde zu, und Pumphut sagte:

«Das war eine üble Sache, Tilla, dich unter dieses Volk zu wagen.»

Und sie lachte, sah noch einen Augenblick zum kleinen Tal, aus dem noch grade die Kirchturmspitze funkelte und warf sich dann mit einem Schrei in den Schatten des Waldes. Und rannte und sprang über Wurzeln und Stürzeln und Nadeln, und überdem glitten ihr die Gewänder fast ganz vom Leibe, und sie tanzte in ihrer blühenden weißen Schönheit mitten im dunklen Walde. Über den Wipfeln

1 Küchlein: Küken.

aber grollte und grollte es, und ein Schein lief durch sie hin und zuckte bis auf den Boden.

Und das schöne Mägdlein lachte und tanzte.

Crispin sah ihr zu.

Sie hatte sich nicht den Glocken untertan gemacht, und sie hatten sie nicht ins Kloster geholt, obgleich sie es versucht haben mochten, sie zu zwingen.

Was hatte die aber auch da unten in dem Kessel zu suchen?

Und er fragte sie.

Sie aber sagte, während ihre Blicke lächelnd über ihn glitten: «Hatte da unten etwas gesehen, das mir gefiel. Und ist doch die Grule zuhause in der Mühle und eine ist genug.»

«Woher bist du?»

Es zuckte leise in ihren grünblauen Augen und zuckte um ihren Mund und über alle ihre weißen Glieder und lachend sagte sie: «Man nennt mich die Tochter vom ‹Meerschiff›. Wirst schon sehen.» Und sie sprang vor ihm her und er holte sie ein und legte seinen Arm um sie und so sprangen sie durch den Wald, über dem das Wetter grollte, und Crispin hatte fast auf Pumphut vergessen, der sacht dahinten wandelte, und dachte nur: das ist freilich ein gutes Abenteuer, das er mir da zugedacht hat.

Und er dachte nicht an eine, die ins Kloster gegangen, noch an eine andere, die dem Bösen zum Opfer gefallen war, dachte an keine Stunde seiner absonderlichen Wanderschaft mehr, sondern nur an dieses blonde Mägdlein und küßte es.

Und endlich kam wieder ein Tal. Und unten war wieder eine Mühle. Es waren etliche Gebäude, und es schien, als ob noch eine Wirtschaft dabei sei, und jetzt verstand er sich schon mehr auf des Mädchens Reden.

Und sie stiegen hinunter, das Mädchen ergriff ihn am Arm und raunte: «Mein Vater braucht einen Müller, und es ist eben recht, daß du kommst.»

Und jetzt trat der Müller schon auf den Steg, ein stämmiger Mann mit dem dunklen Gesicht eines Böhmen, das war der Wirt vom «Meerschiff», das «Wirtla» genannt, wie Tilla sagte.

Er hörte Crispins Spruch freundlich an, ihn mit den schwarzen listigen Augen zuweilen musternd und gleichgültig zur Tilla sehend, die am Zaune lehnte, während eine gelbe Katze sich um ihren Hals schlang: er machte kein Aufhebens davon, daß die Tochter wiedergekommen war.

Sie aber lachte und blinkte, daß Crispin bleiben konnte, und führte ihn selber in seine Kammer, die oben lag, wo die Katzen schliefen.

Währenddem war die Schwester aus dem Kretscham[1] gekommen und schaute zu ihnen empor, ein Mädchen so schwarz, wie die Tilla blond war, mit feurigen Augen, wie die der Tilla und auch ebenso grell. Es war ein Feuer, das bis hinauf zu Crispin zuckte, und er dachte sich: Des Müllers Töchter sind nicht übel. Wo aber war Pumphut? Ihm fiel ein, daß er ihn nirgends mehr gesehen hatte, und er fragte Tilla, die an seine Schulter gelehnt, lachend zur Schwester hinabgesehen hatte, die sich nun über den Steg entfernte, an dem sich die Enten aus dem Wasser schnatternd um ihre Füße drängten.

Indem führte der Müller drüben aus dem Stall einen großen schwarzen Hengst, schwang sich darauf und ritt in den Wald hinein auf der langen tiefen Straße, die an der Mühle vorbeiführte, und verschwand im grauenden Abend.

1 Kretscham: Schenke.

Tilla aber sagte, daß der Pumphut sich schon wieder einstellen würde. Crispin solle nun in die Schenke hinüberkommen. Und er ging mit ihr über den schwanken Steg, der die Mühle von dem Meerschiff trennte und sah durch das grüne Fensterglas der Wirtschaft wieder die Augen der Grula auf sich gerichtet. Drinnen aber schollen ihm zirpende Harfenklänge entgegen, und als er näher zusah, saß am Ofen einer jener Bettler, die er unterwegs getroffen und spielte seine Harfe.

Die Grula aber kam mit schäumendem Braunbiere und neubackenem Brot und schnitt selber an, und Crispin bedachte, daß er wohl kaum noch in einer Mühle so gut bedient worden sei wie hier.

Durch die offenen Fenster aber rief aus weiter Ferne der Kuckuck, rief und rief.

DAS MEERSCHIFF

Crispin erwachte von gellendem Hahnkrähen. Ihm gegenüber saß der Hahn auf dem Ast einer Kiefer und schrie ihn an und schrie und schrie. Und der Himmel sah rot in den Wald, und aus dem Hofe kam der Lärm des Geflügels. Und nahe, nahe war der Duft des Waldes. Soviel Crispin auch schon in ihm geruht hatte, es war ihm doch, als ob er noch nie so ganz in ihm gewesen sei wie in dieser Nacht und in dieser Mühle. Draußen zirpten die Meisen und schrie noch immer der große Hahn. Schwang sich von der Kiefer und verschwand.

Crispin hörte den Gang der Mühle und wußte, daß er verschlafen hatte. Sprang eiligst hinab und traf den Müller, der mit gebeugtem Rücken in der Mahlstube stand. Crispin entschuldigte sich, aber der Müller bewegte kaum den Kopf. Crispin sah, daß schon viel geschafft worden war, Säcke und abermals Säcke voll Mehl und Korn standen da, die gestern noch nicht gestanden hatten. Wie war das nur mit dieser Mühle?

Der Müller gab Crispin etliche Weisung, und der sah ihn bald wieder nach dem Stalle des Hengstes schreiten, breitbeinig und mächtig, während das schwarze Haar unter der Kappe glänzte.

Indem tauchte ein Pilzweiblein drüben im Walde auf, sah die Mühle und Crispin und blickte ihn noch immer an. Schaute ganz starr auf ihn und verschwand dann wieder im Walde. Jetzt kam der Müller mit dem Hengst aus dem Stalle, schwang sich darauf und ritt von neuem fort, ohne sich noch um etwas zu bekümmern. Crispin schüttete und schüttete zu und es war ihm fast, als ob die Mühle von selber ginge. Das Mehl häufte und häufte sich, und es waren kaum Säcke genug da.

Drüben sangen die Tilla und die Grule mit gellendem Klange in den Morgengesang der Vögel hinein. Viele von diesen flogen herzu, rasteten auf den Zäunen und Dächern, ja, auf den Simsen des Hauses und dem moosgrünen Giebel der Mühle, die Hecke des Gartens war voll von ihnen. Die beiden Mädchen aber schauten oftmals zu Crispin hinüber, jetzt kam die Tilla bloßfüßig und lachend über den Steg und warf sich in seine Arme und raunte, daß alles noch viel schöner werden würde. Und ihre grellen blauen Augen flimmerten und lachten in die seinen, und ihr lachender Ruf schwang sich auf und gellte mit dem der Drossel um die Wette. Und sie führte ihn hinüber in die Schenke, wo sie sich beeilte, ihm das Frühmahl zu reichen. Es war noch eine Alte da, die Ditschemutter genannt wurde. Sie saß am Feuer, die Flamme tanzte vor ihr, und zu ihren Füßen hockten die gelben Katzen der Mühle.

Jetzt kamen die ersten Mahlgäste, bedächtig und lächelnd, ein Holzhändler, der nach dem «Wirtla» fragte, aber über die Abwesenheit des Müllers kein Wörtlein verlor. Er hatte ein wunderliches Bocksgesicht und schien mit der Grula sehr vertraut. Auf einmal war er fort und vor der Schenke hielt ein weißblonder Bauersmann, der sein Mehl schweigend auf seine mit zwei weißen Ochsen bespannte Fuhre lud und wieder davonfuhr. Es kamen etliche Garnmänner mit ihrem Huckepack und andere Gestalten, riesenhaft und zerwettert, die vielleicht wie Holzhauer ausschauten und sich das ihre suchten. Die Mädchen sagten, daß alles seine Richtigkeit habe. Den letzten Sack aber holte ein bucklichtes Männlein und verschwand damit im Walde.

Und die Mühle klapperte und klapperte.

Auf einmal war Tilla wieder bei Crispin und zog ihn in den Wald hinaus, der voller Sonnenschein war. Durch das Fenster aber schaute die Grula ihnen wieder nach, und Crispin schien es, als ob er hinter ihr wieder jenen Ziegenbart sähe, aber vielleicht war es auch wieder ein anderer.

Die Tilla sprang neben ihm her wie gestern und wieder fiel ihm auf, welch wunderlich leichten Gang sie hatte. Und der Wald schlug über ihnen zusammen und nahm sie bald in seine grünen Tiefen mit. Sie sprangen bergauf und bergab, durch Gründe und Schluchten und über brennende Wiesen, und die Vögel sangen und aus den Weiten tönte unablässig der Ruf des Kuckucks. Und Tilla flog und flog, daß ihr blondes Haar wehte und Crispin kaum mitkonnte.

Plötzlich schwang sie sich zu einer Vogelhecke, in der sich mitten im dichten Tann ein paar Meisen und bunte Finken gefangen hatten, die kläglich schrien und befreite die armen Gefangenen. Sie rasteten in einer einsamen Waldwiese, und Crispin schien es wohl mehr eine Spalte des Berges zu sein, er fand Susannenkraut und den gelben Fingerhut, den Wohlgemut und die Weißwurz und dachte, daß auch vielleicht das wunderbare Kräutlein Sonnentau nicht fern sein möchte. Um sie standen der Spindelbaum und die Urlen[1] und vor ihnen ein wildes Pflaumenbäumchen, das blühte über und über.

Als sie wieder an der Straße waren, die durch den Wald führte, vernahm Crispin ferne Hufschläge und sah gleich darauf den schwarzen Hengst in gestrecktem Trabe kommen und fast schien ihm, als ob das Tier ohne Reiter sei. Als es sich aber nahte, zeigte es sich, daß der Müller doch darauf saß. Er hatte keinerlei Verwunderung oder Mißbilligung, daß er den Knecht mit der Tochter hier im Walde traf.

1 Urlen: Ahornbäume.

In der Mühle stand jetzt ein anderer bei der Grule, den Crispin betroffen ansah, ein blonder Mensch mit rotem verlegenen Gesicht. Posthorn und Tasche hingen am Gürtel, und draußen aus der Krippe schmauste sein Brauner den fetten Hafer der Mühle. Er schien vom Wege abgekommen zu sein und bekam auch etliche Auskunft, obgleich nicht viel Eifer dabei war. Crispin sagte sich: es ist das Amt dieses Menschen, tagaus, tagein durch den Wald zu reiten und so kam er durch einen Zufall an das «Meerschiff», wo man ihn aber nicht gern zu sehen scheint.

Denn auch die Grula wandte sich von dem Fremden ab, obwohl er immer noch nach ihr sah und auch, als er schon auf dem Gaule saß, den Kopf nach ihr wandte.

Als der Abend nahte, kam Pumphut. Lange hatte der Kuckuck drüben geschrien, nun war er auf einmal verstummt, und auf dem Brückensteg stand Pumphut.

Crispin gewahrte, wie er nach Wasser und Rad schaute und auf das Mahlwerk horchte.

Stand hoch und grau, mit spitzem Hute in der Dämmerung, gleich einem Schatten und war doch keiner, wie Crispin wußte, gleich einem Märlein, einer alten Sage und war doch – Pumphut.

Und Crispin war es in diesem Augenblick wieder, als ob die Wellen des Baches noch heftiger heranbrausten und noch mächtiger und sprühender vom Rad herunterfielen. Und das Rad schwang sich schneller und das Mahlwerk erzitterte, und die ganze Mühle wogte und dröhnte und schwankte, so heftig war ihr Gang. Und draußen im Walde hob es sich höher und klang wieder zusammen mit der bebenden dröhnenden Mühle, dem kreisenden Rade und den stürzenden grünen Wassern. Und alles war ein einziges Lied: wandern – wandern – – wandern – – –

Das war der Müller Pumphut.

Beglückt von dem großen Abenteuer folgte ihm Crispin in die Schenke, und hinter ihm ging die Mühle, ob auch keiner mehr nach ihr sah.

Drinnen in der Schenkstube schoben sich alle an den langen Tisch, das «Wirtla», die beiden Mädchen, die Alte und Crispin, und die gelben Katzen schnurrten ihnen um die Füße und über sie hinweg summten Scharen und Scharen von Fliegen. Pumphut nahm seinen spitzen Hut ab und fuhr damit leicht durch die Luft, und im Augenblick war die Stube frei von ihnen.

Die Mädchen lachten und schwatzten, und die Grula drückte sich nahe an den Martin, obgleich sie von dort immer wieder nach Crispin sah. Pumphut hatte ihrer nicht sehr acht, kaum, daß sein Blick sie streifte, gefiel ihm die Schöne nicht oder war er ihrer längst überdrüssig? Oder – – den Crispin durchzuckte es – fürchtete er hier etwa jene Gefahr, die ihm vor Zeiten durch die Prophezeiung angekündigt war?

Crispin wagte es, da die Worte lebhaft gingen und alles voll Heiterkeit war, ihn nach seinen Abenteuern zu fragen, obgleich sein Herz dabei schlug. Schaute ihn der Graue an, und in diesem Augenblick hatte Crispin dies Gefühl: der Graue, denn voll solch seltsamen Scheines war jetzt die ganze Gestalt, wie sie mit dem Spitzhute über den Tisch ragte und hinter ihr hob sich noch anderes, und alles schien wie ein Spiel und Flattern von uralten Jahren, vergangenen Schicksalen und beendeten Zeiten.

«Das möchtest du wohl wissen», sprach der Pumphut ruhig, während ein leises Kichern von den Lippen der Mädchen flog, und der Müller sich still hielt, und die Alte Crispin ganz sonderbarlich anstarrte – und eben in dem Augenblicke war es dem, als ob es draußen an der Fensterlade ticke, ganz leise nur, denn es war dunkel geworden, und alle Drosseln waren verstummt. Aber Crispin achtete nicht weiter darauf, sondern harrte nur auf des Grauen weitere Worte, der ihn mit glimmendem Blick ansah und bedächtig fortfuhr:

«Würde wohl zu viel werden, wenn ich dir berichtete, was mir alles geschah und wie ich meine Tage bis auf heute brachte ...»

«War es mit deiner Geburt so, wie die Leute sagen?»

Wieder sah ihn der Pumphut spöttisch an und sprach: «Laß die Leute nur weiter sagen, was sie wissen, sie wissen ja so viel. Ich selber erinnere mich nur des einen, daß mir geboten wurde, zu wandern, immer zu wandern, immer dem Wasser nach. Solches habe ich eben getan.»

«So warst du in vielen Mühlen?»

Es war, als ob ein leises Huschen und Flimmern über den dunklen Tisch ginge.

Aber der Pumphut sagte:

«In vielen, Crispin, in vielen.»

Crispin holte Atem.

«So warst du auch in alten Zeiten in der Stadt Hildesheim?»

«Bin wohl in mancher alten Stadt gewesen.»

Und des Pumphut Hütlein reckte sich noch höher, wie es schien.

«Und warst du auch bei dem General, den sie den Wallenstein nennen?»

«Bin bei manchem Kriegsmann gewesen, aber lieber war mir ein Müller.»

«Und hast so manchem reisigen[1] Heer zum Glücke geholfen?»

1 reisigen: reisig, beritten.

«Aber lieber habe ich einem Müller geholfen und das war mir mehr.»

«Und du bist jahraus, jahrein –»

«Gewandert, Crispin, gewandert – –»

In dem Augenblick schlug die Tilla am Herde Licht, entzündete den Kienspan und brachte ihn an den Tisch zu Pumphut und da war es, als ob die helle Flamme jählings sich senkte, ja, sie fiel immer mehr zusammen und war jetzt nichts anderes mehr als ein kleines glostendes Fünkchen, wie es vor Martin Pumphut stand.

Und alle starrten darauf.

Aber der Müller gab dem Lichte einen Stoß, daß es weiterglitt, und jetzt flammte es wieder auf und gab der Runde seinen Schein. Crispin hörte wieder jenes Pochen am Laden und stand leise auf und ging aus der Tür.

Erst erschaute er gar nichts und dann den Schatten eines winzigen Weibleins. Ihn fiel ein leises Grausen an, was denn nun schon wieder käme, aber da raunte die Gestalt:

«Gelobt sei Jesus Christus.»

Und jetzt erkannte er das Pilzweiblein, das in der Frühe drüben im Walde gestanden hatte.

Als er fragte, was es begehre, sagte es schweratmend, daß er ihr auf Wahrheit doch mitteilen möge, ob er einer rechtschaffenen Mutter Sohn sei?

Und als Crispin es ihr beteuerte, glitt sie auf einmal näher und meinte, daß sie es sich gedacht habe, als sie ihn in der Frühe hier gesehen, und er solle doch um Himmels willen machen, daß er aus dieser Mühle käme.

«Was ist mit dieser Mühle?» fragte er.

Sie flüsterte, daß noch vor kurzem ein redlicher Müller hier gehaust habe, der keinen übervorteilt und es mit Beichte und Kommunion ernst genommen habe.

Crispin fragte: «Übervorteilt der jetzige Müller jemanden?» «Das ‹Wirtla›?» fragte sie entsetzt. «Oh, nichts dergleichen. Man könnte eher anders sagen.» Den guten frommen Müller habe man eines Tages beim Riesebusch in einem Abgrund gefunden und bald danach wären diese aus dem Walde gekommen und hätten sich hier breit gemacht. Die Mägdlein steckten noch immer mehr im Walde als in der Mühle, die Alte spinne mit ihren Katzen und rede mit dem Feuer, und der Müller – die Alte dämpfte ihre ängstliche Stimme noch mehr, sie wage es ja kaum zu sagen, nur die Sorge um Crispin habe sie hergetrieben in diese verwünschte Gegend, weil er doch ein so gutes Gesicht habe. ... Ja, ob er nicht einmal des Müllers schwarze Haare mit denen des Hengstes vergleichen wolle? Und ob ihm noch keinmal passiert sei, den schweren Gaul ledig durch den Wald sprengen zu sehen? Nur, wenn man genauer zuschaue und dem «Wirtla» sichtbar sei, zeige sich wieder der Reiter auf dem Pferde, aber im geheimen seien der Hengst und der Müller eines – – – Und was für Gäste sie in die Mühle ließen, Crispin solle nur einmal zuschauen –! Was das für ein Ende nehmen werde – –!

Crispin starrte das Weiblein im Dunklen an, aber von ihrer Last, die sie auf dem Rücken trug, ging ein so mächtiger Pilzduft aus und von drüben her duftete der Wald, daß ihm das Vernommene nicht so zu Gemüte drang, obwohl er doch schon manches selber gesehen hatte. Aber vor ihm stand die Tilla in ihrer Süßigkeit, da sie, von dem hölzernen Esel absteigend, den weißen Fuß in den Sand setzte, er vernahm den Schrei, mit dem sie in den dunklen Wald hineinsprang und wußte wieder, daß sie ihm gehörte.

Und Martin Pumphut, von dem die Alte gar nichts zu wissen schien!

Was für ein Müller ist es wohl, der – Pumphut verläßt, wenn der ihm keine Hilfe angeboten und erwiesen hat?

Crispin wußte: keine Mühle würde unter seinen Händen mehr gehen, kein Rad mehr sich schwingen, jeder Stein zerspringen – – – Nein, den Pumphut ließ er nicht und dies alles, mochte es sonderbarlich genug sein, ließ er auch nicht, und so sagte er der Alten ein paar dankende Worte und versprach, sich ihre Botschaft zu überlegen. Geleitete sie noch ein Stücklein durch den Wald, obgleich sie meinte, daß ihr nichts geschehen werde, da sie den Rosenkranz immer bei sich trüge. Drüben an den Eichen nahm er Abschied von ihr, sie weinte und befahl ihn seinem Schutzengel.

Crispin aber ging in tiefen Gedanken zurück und fast hätte er das «Meerschiff» übersehen, weil alles dunkel war und auch die Mühle nicht mehr ging, und als er in die Schenkstube trat, war alles leer und still und jedes Fünkchen auf dem Herde erloschen.

Die ganze Gesellschaft, die hier eben noch gesprochen und gelacht hatte, war im Augenblick verschwunden und zerstoben.

DER JOHANNISABEND

Als Crispin aber in der Frühe erwachte, saß der Hahn wieder auf der Kiefer und unten flatterte das Geflügel, und er hörte den Kuckucksschrei durch den Wald hallen. Und als er noch das Lachen der Tilla vernahm, wußte er, daß die Seltsamen ihn nicht verlassen hatten.

Jetzt huschte Tilla schon die Stiege herauf und, während die Katzen sich um sie drängten und die Mühle, ach, endlich die Mühle, wieder schwer schütternd ging, meldete sie ihm, daß heute ein großes Fest sei. Die ersten Gäste seien schon eingetroffen. Als Crispin hinunterkam, waren es ein paar Mägdlein. Sie hatten die gleichen schwebenden Glieder wie die Müllerstöchter und spiegelten sich lachend im Wasser, riefen den Raben zu, die drüben auf der Hecke saßen und hatten so blaue, so grelle Augen, daß er, von ihrem Glanze berührt, fast zurückzuckte. Sie aber lachten hinter ihm her, warfen ihm auch liebevolle Blicke zu und sprangen stegaufwärts und -abwärts immer hin und her zwischen Schenke und Mühle, obwohl er nicht wußte, was sie etwa zu rüsten hatten, denn in der Mühle war immer alles da.

Ein wenig spukte wohl die Alte von gestern abend in seinem Sinn und fast bedünkte ihm, als ob im Dunklen seine Mutter zu ihm gesprochen hätte, von ihrer Angst um ihn auf die Erde zurückgetrieben. – – Was sie wohl sagen würde, wenn sie, die brave arbeitsame Frau, ihn hier in diesem seltsamen Leben hoch oben im Gebirge sähe –?

Da hörte er das Lachen der Tilla und den Kuckucksruf, und alles war wieder verwischt.

Jetzt kam jener Holzhändler mit dem Ziegenbart und gleich darauf noch einer und noch einer: es schien mehrere von dieser Sorte zu geben, die sich absonderlich glichen. Auch die Ditschen hatte jetzt die Gesellinnen, die nach dem Herde strebten und das Feuer besahen und die Katzen auf den Arm nahmen.

Und immer mehr Volk quoll aus dem Walde, auch jener Wagen mit den weißen Ochsen bespannt, fuhr wieder vor, und jener Bauer trat zu der Grula und noch andere, auch jene riesigen Männer, alle mit den gleichen grellen Augen; auch das bucklichte Männlein huschte wieder aus dem Walde. Und es war ein Gezwitscher und Gelärm, und auf einmal stand auch Pumphut dazwischen, und jetzt saß ein Harfenspieler an der Türe und stimmte seine Harfe, und nun drehten sich schon etliche im Tanze.

Crispin sah Pumphut mit der Grula dahinwirbeln und sein spitzes Hütlein wie rasend sich drehen und hielt selber die Tilla im Arm, während der Müller die Alte gefaßt hatte, und so bildeten sich viele Paare, und die Sonne schien und die Vögel sangen und durch den Wald hin und her flutete das bunte Gewimmel. Die Mädchen mit den grellen Augen, die Grula und die Tilla und die Ziegenbärte und Pumphut und jener stille Blonde und die riesigen Fremden und nicht zuletzt das bucklichte Männlein, alles tanzte und jubelte. – –

Und Crispin war es auf einmal, als ob gar der Wald selber tanze. Als ob aus dem Boden das gleiche Schwirren ertöne, wie aus der zitternden Harfe des Spielers und aus den Blumen und Kräutern und allen Vögeln, es war ein Wogen und Schimmern und Schwingen und Singen, ja, es war als ob das gante Gebirge in einen großen Tanz gekommen sei. Und plötzlich überkam es den Crispin, daß dies alles vielleicht den nahenden Sommer feierte, die höchste Zeit des Jahres, die wohl nahen mußte.

Und alles war Fest. Und war Tanz. Nicht wie die Menschen da unten in den Tälern feiern, etwa von Mittag bis in die Nacht: nein, schon am frühen Morgen, da der Hahn auf der Kiefer schrie, hatte es begonnen und dauerte Stunde um Stunde, als ob keines Ermattung kenne, als ob alles schwinge und juble, wie der Klöppel in der Glocke, wenn es um Pfingsten ist. So war es, jetzt wußte er es, schon in der Nacht draußen gewesen und dauerte und dauerte, und er schwang sich mit in dem wilden Reigen Stunde um Stunde.

Da auf einmal, als alles im schönsten Tanze war, erklang Hufschlag im Walde.

Alles hielt inne. Der Spieler ließ seine Harfe sinken und bog sich über die große Wurzel, auf der er jetzt saß, um zu schauen, wer da käme, etliche waren tief in den Wald geflüchtet, aber Kichern und Lachen scholl heraus, die anderen, die beim «Meerschiff» standen, die Grula und die Tilla, blieben und blickten auf den, der jetzt langsam und glühend näherkam: es war der Postreiter, der vor kurzem erst hier gewesen war.

Der Blonde sah erhitzt und zerkratzt aus, man merkte, welche Irrwege und Strapazen er hinter sich hatte. Er sprang nun ab und begehrte einen frischen Trunk.

Währenddem waren fast alle Tänzer in den Wald gewichen, und es waren nur noch Crispin und die beiden Mädchen da. Und der Bursche sah finster auf den, denn er merkte wohl, daß er ungelegen kam.

Sagte aber, daß er ausruhen wolle und stolperte in seinen hohen Stiefeln in die Schenkstube.

Crispin aber war es, als schliche es heimlich von allen Seiten heran.

Die Tilla mußte sich auf des Reiters Wink zu ihm setzen, und er erzählte ihr, was sie gar nicht zu wissen begehrte, daß er beschlossen habe, wieder in das «Meerschiff» zurückzukehren und viele Gefahren deshalb erduldet hätte, denn fast sei es gewesen, als wolle ihn etwas nicht mehr dahin zurücklassen, wohin er sich doch mit ganzem Herzen sehne.

Die Tilla verzog keine Miene, und jetzt sah Crispin, daß sich hinten auf dem Herde das Feuer aufrichtete und nach des Reiters Schopfe züngelte, er aber merkte es schließlich und schob sich auf der Bank zur Seite.

Die Katzen schlichen sich unter dem Tisch heran, und Crispin erstaunte auf einmal, wieviel Fliegen, Wespen und Hornissen in der Stube waren, und alles flog dem Postreiter um die Nase, so daß er mit seinem Becher aufstand und sagte, daß es draußen, wo sein Pferd stünde, wohl besser sei.

Dort aber setzte sich sein Gaul von selber in Gang und rannte so wütend, daß der Bursche alle Mühe hatte, um ihn einzuholen, und kaum hatte er ihn erreicht und sich hinaufgeschwungen, als er auch schon, wie vom Teufel geritten, dahin preschte und so ging und ging es in ungeheuren Sätzen vom «Meerschiff» hinweg, und auf den Stufen vor der Schenke blieb nur noch des Reiters Bierglas übrig.

Es kamen aber alle wieder aus dem Walde, und Pumphut tauchte aus der Gegend auf, in die der Reiter hineingeritten war. Und alle lachten.

Jetzt setzte sich der ganze Schwarm und begann zu schmausen, und die Wespen und Hornissen sausten auch hier herum, aber sie störten jetzt keinen, auch den Pumphut nicht. Alle lachten über den Reiter und erzählten, wie sie ihn geprellt und geprescht[1], und einer fügte mit besonderem Grinsen hinzu, daß der Fremde nun wohl im Riesebusch sei, wo man ihn schon weiter des Wegs geleiten würde … und den Crispin überlief plötzlich ein Grausen – –

1 geprescht: gejagt.

Am anderen Tage ging der Reigen weiter, und es kamen immer noch mehr sonderbare Gestalten aus dem Walde, und Pumphut bog sich zu Crispin heran und fragte, ob er glaube, daß es noch viele Müller gäbe, denen er solche Feste bereitet hätte. Und Crispin wußte nicht recht, was er dazu sagen sollte, denn in ihm war es nun nicht mehr so, und wenn es einen Augenblick gab, in dem er allein sein konnte, dann entwich er diesem Getriebe und allem wilden Sonnenduft und Glanze und lief in den Wald hinein – –

Was sollte er hier? Was tat er hier?

Und immer deutlicher war es ihm geworden und wurde es in jeder Stunde noch mehr: was um ihn war, war nicht viel anders als jenes, das er in den Zwölften am Himmel gesehen hatte, ja, es lag nahe zu denken, er lebe noch immer inmitten jener, in die er damals geraten war und die ihn seitdem wohl niemals losgelassen hatten. Alle, die hier waren und weilten, hier schwebten und tanzten und ihr unerklärliches Wesen trieben, waren an jenem dunklen Morgen mit – der wilden Jagd gezogen.

Er hatte manches vernommen, was ihm nicht gesagt worden war, manches Gelächter und manchen Blick belauscht … Es war so. Es war nicht anders, als daß er damals in der Schwedenmühle in die wilde Jagd geraten war und daß er nun in einem Kreise von Wesen weilte, wie sie dem unheimlichen Jäger zu folgen pflegen …

Auch Pumphut gehörte dazu, und hatte er es damals nicht selbst gesagt?

– – Wieder sah Crispin das wimmelnde Heer der Zwölften am Himmel, mit allem Gefolg von Graumännlein, seltsamen Tieren und wandernden Seelen – – –

Aber wie kam er wieder hinaus?

Er wanderte und wanderte, ohne viel zu sehen, nur immer in seiner Angst vergraben, zuckte aber doch zusammen, als er weiter unten auf dem Wege auf einmal eine Herde schreiten sah. Vermochte die Tiere nicht genauer zu erkennen und ging näher heran, sah aber noch immer nichts anderes, als daß die Tiere artig paarweise schritten, in der Art wie Pferde schreiten. Und waren doch keine Pferde … Als Crispin näherkam, wandte sich vor seinen Augen das erste Paar auf einmal und bog in einen Seitenweg, sogleich folgten ihm die anderen. Paar um Paar der seltsamen Geschöpfe bog leichtfüßig zur Seite, und als Crispin heran war, war auch das letzte verschwunden.

Crispin erblickte nichts als einen halbverwachsenen Holzweg und kein Spur, keine Fährte auf dem harten Stein …

Was war das gewesen?

Er stand noch und horchte. Kein Laut, kein Hufschlag. – – – Waren die Tiere, die so artig schritten, vielleicht – – Rosse, auf denen das wilde Heer in jenen dunklen Nächten raste und jagte –? Und rasteten sie jetzt hier in der Verborgenheit bis zu neuen Nächten – –? War er, Crispin, vielleicht nahe an den Platz geführt worden, wo die wilde Jagd ihre Sommerruhe hielt …?

Und wo war der Jäger? Ihn grauste es.

In wilder Flucht, scheu um sich blickend, rannte er davon.

Aber wohin er auch eilte: schon nach kurzer Zeit tauchte das «Meerschiff» wieder vor ihm auf.

Die Grula kam ihm entgegen, schlang den Arm um ihn und zog ihn in den Reigen.

Dann gewahrte Crispin auf einmal, daß die Tilla aus dem Walde kam und in ihrer Schürze ein kleines, munteres Kindlein hielt, das sie, wie sie sagte, im Walde gefunden hatte. Und alle bewunderten das kleine Wesen, das gar runde grüne Augen hatte und so munter war, daß es bald behende im Waldgrase unter den anderen spielte.

*

Crispins Blick begegnete nicht mehr dem forschenden Auge des Pumphut. Er wünschte, ihm und allem niemals begegnet zu sein und wagte ihm doch nicht zu sagen, daß ein Mensch von Fleisch und Blut nicht für diesen Wald- und Heidenspuk tauge – – –

Nun sollte das Johannisfest sein. Crispin schien es, als ob es dieses sein mußte, wenngleich die Wesen in der Waldmühle es anders und für ihn unverständlich nannten. Jedenfalls war es für sie das größte, das sie bis jetzt gefeiert hatten und die Krone aller. Crispin konnte sich schon denken, was da alles sein und wer da vielleicht noch kommen würde, aber für sich war er entschlossen, vor diesem Fest zu fliehen.

Oh, hätte er eine Ahnung von allem gehabt, als er die Bande der Blonden lösen half, die auf dem hölzernen Esel saß!

Könnte er noch einmal die Kirchenglocken hören, auch, wenn sie aus jenem düsteren Tale kamen!

Aber hier herauf, das wußte er, drang kein Glockenlaut. Wieder und wieder hatte er versucht, herauszubekommen, wo er eigentlich war, aber nicht ein bekanntes Berghaupt, nicht ein Dorf vermochte er zu entdecken, verhängt und versteckt blieb der Blick. Wie hatte ihn Pumphut hier hergeführt!

Aber er mußte fort! Mußte wieder unter Christenvolk!

Als der Tag graute, ritt der Müller auf seinem Hengste fort, auch diesen hohen Tag hatte er sich noch zu

Abenteuern erlesen. Die Alte kochte und schmorte am roten Feuer, und Pumphut war mit den anderen an einem fernen Platze, wo sie Geheimnisvolles zu rüsten schienen.

Da riß Crispin sein Ränzel von der Wand, steckte etlichen Mundvorrat ein, auch von den Kirschen, die am Baume vorm Fenster schon reiften und ihn lockend anschauten – – einen Augenblick traf ihn die ganze Schönheit und Heiterkeit dieses Lebens, dann aber stieß er die gelbe Katze weg, die sich ihm um die Füße schlingen wollte und schlich die Treppe hinunter.

Leise. Leise.

Traf er unterwegs einen, so wollte er tun, als ob er Kräuter suchte.

Er ging in den Wald hinein und hörte von jener Höhe noch immer den jauchzenden gellenden Schrei, der wie Vogelschrei hoch ins Weite ging, und es war ihm doch, als ob er diesen Schrei, dieses Lachen niemals vergessen würde. Und spürte auch das geheime Leben ringsum, das nirgends schwieg, ja, war nicht jeder Baum, jeder Busch, jeder vorbeifliegende Schmetterling ein Verräter? Lief ihm das Wasser in seinen Dünsten nicht nach, erschaute ihn vielleicht nicht noch der Hahn, der auf der Kiefer saß?

Und er rannte und rannte, bückte sich zuweilen nach Kräutern und warf endlich die ganze Last in einen Abgrund. Und horchte von Zeit zu Zeit: nein, niemand kam ihm nach.

Er ging allein und verlassen.

Manchmal war es ihm, als ob er die Glocken schon höre, dann war es aber doch wieder nur das Läuten einer Hummel gewesen. War allerhand Getier um ihn herum, aber ihm war nicht mehr bange, sein Mut tat sich zusammen: war er so weit gekommen, kam er auch noch weiter.

Und er schaute und prüfte und sprang. Einmal fuhr er zusammen, da ihm deutlich war, daß Pumphut drüben an einer Eiche stehe, als er aber nähersah, war nichts da, keine Spur.

Crispin versenkte seine Gedanken an Kinderzeiten, die nun schon so lange vergangen waren, und an die Heimat und die Mutter. Und vermied, alles Denken nochmals nach jenem Berg, auf dem der Zauber begonnen hatte, zu lenken, noch auf anderes, was hernach geschehen war.

Da sah er auf einmal eine Schalaster auf einem abgehauenen Stamme am Wege sitzen.

Er dachte: hat der Holzschläger ein Kreuz in den Stamm gemacht, so kann es nichts Böses sein, und die Schalaster rührte sich auch nicht, als er näherkam, ihre schimmernden Flügel blieben geschlossen.

Als er aber eine Weile weiter war, flog sie auf und bald schrie es von allen Seiten im Walde. Das waren Schalastern. Das war – – Verrat.

Und Crispin sprang in jähen Sätzen in das Tal hinab, der Wald war nun hoch und fern mit seinem Spuk, hier unten war es eben und grün, ein Wasser plätscherte, und hinten am Himmel standen ein paar weiße Wolken, rund und glänzend.

Und er sprang und sprang, und auf einmal hörte er Donnergrollen ganz leise und fühlte es auf einmal um sich, vor und hinter sich, sah das fließende Wasser und die Weiden und den fernen schwarzen Wald auf der Höhe, fühlte die Erde beben und alles Spiel um sich. Wieder grollte es am blauen Himmel und jetzt war es, als ob es auch aus der Erde zucke und zu seinen Füßen hinflirre … ja, tanzte es hier nicht auch …? Wieder und wieder kam der Donnerlaut in das einsame Tal, und schneeweiß sahen die Wolken über den schwarzen Wald … ja, war hier nicht auch alles jauchzendes wildes Spiel und wilder wiegender Tanz ...? Und Crispin fühlte alles um sich, wie er es dort um sich gefühlt hatte, und immer tiefer ward das Tal, und er wußte: so weit er auch laufen würde, es war vor und hinter ihm und würde vor und hinter ihm bleiben und mit ihm spielen und ihn nicht lassen.

Und immer dichter wurden die Weiden und bald war er im engsten Busch: kein Blick mehr, keine Übersicht, alles Dickicht, über dem die weißen Wolken standen und über das es und um das es noch wilder flirrte und zuckte ... Und jetzt wußte er, das war der Riesebusch, von dem gesprochen worden war, er war in den Riesebusch geraten und wartete voller Bangen, gerüttelt und gehoben und gebannt von dem wilden Spiel der Einsamkeit, was nun noch kommen werde.

Und jetzt vernahm er etwas und bog sich und horchte und erkannte Hufschlag. Und erschrak. Und bog sich zur Seite und wollte durch die Weiden und kam nicht vorwärts, und lief immer weiter, und immer klangen die Hufschläge unter ihm.

Was war das? Der Hengst, dachte er, der Müller holt mich, es scheinen ihrer aber zwei. Und wieder lief der Donner durch die Wipfel, und Funken huschten über den Boden, und alles war voll entsetzlicher und doch sonderbar tanzender Stille.

Und er fand, während er deutlich hörte, daß die Hufschläge immer näherkamen, endlich einen Durchblick und spähte und sah einen schwarzen Gaul und gleich darauf noch einen und sah noch mehr – und während er noch dachte: es ist der Müller mit einem der Grünäugigen, erkannte er das Glänzen von Waffen. Und sah nun, daß es Landdragoner waren, Menschen mit Wehr und Waffen. Dieses Tal, über dem der Donner noch immer grollte und das im Schauder seines kommenden Festes stand, hatte es sich gefallen lassen müssen, daß Menschen eindrangen, die nichts von allem geheimen Zauber spürten.

Und er hörte jetzt die Reiter, die unter ihm dahinzogen, reden und sah, wie sie anhielten und nach allen Seiten spähten. «Hier hinauf muß er entkommen sein. Wir fanden die Fährte», sagte der eine und hob etwas empor, was Crispin als sein Ränzel erkannte, das er auf der Flucht vor den Elstern ahnungslos verloren hatte. «Nun werden wir den Wicht bald haben.»

Was sind sie hinter mir her? fragte sich Crispin. Was wollen sie? Es kann doch kein Verbrechen sein, im «Meerschiff» gewesen zu sein, und Pumphut hat sie sicherlich nicht geschickt.

Nein. Er nicht. Und keiner von den anderen. Denn solcher Mittel bedienen sie sich nicht. Die Menschen rufen sie nicht. Die Elstern wohl und die Bäume und die Wolken vielleicht und die Unsichtbaren in Luft, Wasser und Erde, aber – keine Landdragoner. Und Crispin horchte, was sie sagten und vernahm, daß er ein übler Fallot sei, der sich nach einer bösen Schuld hier im Gebirge verborgen habe. Umsonst säße man nicht Woche für Woche in jener schlechten Schenke … Und begriff nun auch, wer der Angeber war, jener Postreiter, der ihn mit der Tilla und der Grula gesehen und ihm wohl seine Niederlage zuschrieb.

So waren die Gendarmen wohl heute im «Meerschiff» erschienen. Und es war fast, als ob man sie dort nicht behelligt habe, da sie ihm so schnell nachgekommen waren.

Und er hörte, wie sie sich wieder in Trab setzen und den Weg nach der Höhe einschlugen und laut sagten, ihm werde man schon seine Waldstreifereien für immer abgewöhnen.

Und Crispin sprang in den Busch, merkte aber, daß sein Schritt und vielleicht das Knistern der Büsche, die heut besonders waren, ihn gleich verraten würden und vielleicht verriet ihn das alles auch. Er blieb wieder stehen und gewahrte in der Nähe eine Kiefer, gleich jener, auf die der Hahn immer geflogen war, und erkletterte sie. Sie stand etwas zurück und der Blick der Reiter mochte sie nicht gleich treffen, und wenn er sich oben dicht am Stamme unter den Zweigen verbarg, so konnten sie ihn nicht entdecken, da sie keinen Hund bei sich hatten.

Die Kiefer ließ sich erklettern und barg ihn unter ihren Ästen, und Crispin schmiegte sich an sie und dachte mit stockendem Atem: wird sie mich verraten?

Und sah die Reiter den Weg heraufkommen, anhalten und rechts und links schauen und Gras und Boden beobachten, und richtig mochten sie die Spur entdeckt haben, denn sie schwenkten hier herum und auf die Kiefer zu.

Und Crispin dachte: schützt sie mich?

Und sah weit drüben hinterm Tale den Blitz zucken und fühlte das geheime Schwingen der Luft und sah alle weitgelagerten Wälder in ihrer großen Einsamkeit und die Menschen unten und dachte: nun würden sie mich binden und davontreiben, daß ich das alles nicht mehr sehe … und sein Herz hob sich wieder der wilden Freiheit, den Blitzen und allem Abenteuer zu, und sein Herz flehte zu der Kiefer, die ihrem Johannisabend auch schweigend entgegenharrte und alle Blitze auch sah und fragte: Verrätst du mich?

Aber sie rührte sich nicht, nicht ein Zweiglein knisterte, und sein Herz war wieder voll Liebe für diese stummen seltsamen und schönen Dinge und wandte sich von allem Verrat und aller Tücke der Menschen ab, und er blieb so angelehnt an den Leib der schlanken Kiefer und unter ihrem Grün und sah über die Wälder und dachte: dem Johannisabend wollte ich entfliehen und hier hat er mich doch eingeholt. Und alles hat mich eingeholt, das mich bedrängte.

Das ist es. Das ist mein Johannisabend.

Und da es von den Reitern still geworden war und stille blieb, glitt er leise an dem schönen Baume hinab und sprang auf den Weg und glitt in den Busch und wanderte ohne Furcht weiter, da er sicher war, daß alle diese Seltsamen bei ihm waren und ihm dennoch halfen. Und es ist wahr, daß er in dieser geheimnisvollen Nacht noch manches sah, aber nichts war schöner als jener Augenblick, da er von der hohen Kiefer aus die Blitze über das einsame Tal zucken sah.

Als aber der Morgen graute, hörte er über den Tälern den Kuckuck rufen und da er bis zum letzten Busche kam, stand er vor Pumphut.

«Da bist du?»

«Wir wollen doch mitsammen wandern», sprach Pumphut, «und ich bin nicht ungehalten, daß du das ‹Meerschiff› verließest. Sintemal ich doch auch immer gewandert bin. Und jetzt wollen wir noch viel erleben!»

«Es ist wohl so», sagte Crispin, «daß man sich wohl vor den Menschen zu fürchten vermag, aber nicht vor diesen allen hier.»

Und der Pumphut nickte, da er alles wußte.

So gingen sie weiter, rasteten noch ein wenig in dem Karren eines Schäfers und sahen den im Grauen bei seiner Herde stehen, stumm und grau, und die ganze Herde stumm und grau ringsum gelagert, auch der Hund schien zu ruhen, und Crispin wußte hernach nicht, ob das nur ein Traum gewesen war, denn als der Nebel gewichen war und er die Augen aufschlug, waren weder Herde noch Hirte da.

Und so war es Tag, und die seltsame Johannisnacht und sehr viel vorüber.

DEUTO! DEUTO!

Nachdem sie Stunden gewandert waren, kamen sie ins Tal und sahen wieder eine Mühle. Das Wasser sprang brausend hoch vom Berge, und es war jenes Singen und Plätschern um die Mühle, das der Müller liebt.

Aber die Mühle stand wie jene in den Zwölften.

Nichts rührte sich.

Und als sie näherkamen, sahen sie, daß sie ganz verlassen war. Es war aber ein Weberdörflein in der Nähe, und die Leute kamen und sprachen: «Dies ist eine Mühle, die keiner mehr zum Gehen bringen kann. Vor alten Zeiten ist, so sagt man, ein altes Weiblein, eine Drulle[1] wohl, da oben aus dem Wald in der Schimmerung in die Mühle gekommen, und hat gesagt: ‹Deuto! Deuto!›[2] Welches aber niemand hat deuten können. Die Mühle hat davon den Namen bekommen, aber wer auch darinnen gewesen ist, hat sie bald wieder verlassen müssen. Wollt ihr da hausen, ihr Müller?»

Es war aber, daß sie den Pumphut nicht kannten, und auf ihren Gesichtern stand noch anderes, mit welchem sie wohl noch nicht herausrücken wollten.

«Wir wollen hier hausen», sagte Pumphut und ging hinein. Und sein Schatten stand groß in der Tür.

Sie besahen alles: die Gänge und das Mahlwerk waren in Ordnung, der Mühlstein ganz, den Mehlbeutel hatten wohl längst Ratten zerfressen wie in der Schwedenmühle,

1 Drulle: hexenartige Gestalt.

2 Deuto! Deuto!: ein Warnruf; zu finden im Sagenbestand der Lausitz und dort erklärbar als Warnruf bzw. Fluchtaufruf «Deutsche kommen!», was sich auf die sorbische Bevölkerungsgruppe beziehen lässt.

aber sonst war nichts Seltsames da, auch das Rad war in Ordnung. Nirgends war etwas Absonderliches zu finden. Als sie aber nun die Mühle in den Gang zu bringen versuchten, so zeigte es sich, daß sie stand. Und das schöne Wasser, das gegen das Rad sprang, konnte nichts helfen; die Steine mahlten nicht, das Rad stand.

Kam aber ein alter Steinschneider, dessen Hüttlein daneben unter einer großen Schirmtanne lag, heran und sprach: «Bleibt nicht hier, ihr Müller, geht! Geht! Sie soll nicht gehen, das ist es. Und jeder, der sich vermißt, sie vorwärts zu bringen, gerät in üble Hände. Ist ein anderer Müller irgendwo im Gebirge, hat ihn noch keiner gesehen, aber das weiß man, daß er die holt, die hier vorsprechen und die Mühle doch nicht in den Lauf bringen können, und keiner weiß, was er mit ihnen macht ...»

Während er aber sprach, hingen seine Augen immer wieder in eigentümlicher Weise an Pumphut, der in seinem grauen Röcklein mit dem spitzen Hute dastand.

Und er sagte jetzt, jäh auffahrend: «Wenn mein Auge mich nicht täuscht, dann bist du Pumphut. Der freilich ist noch nie bei uns gewesen und für den wird alles anders sein. Ja, dir wird es gelingen, dem bösen Müller einen Streich zu spielen und die Mühle klappern zu lassen wie in vergangenen Zeiten. Deuto hin, Deuto her: es soll Gutes deuten.»

«Das will ich meinen», sprach Pumphut.

Der Nachbar ging, und wenn man inmitten des Springens der Wasser genau zuhorchte, konnte man unter den Tannen hervor seine Spille[1] surren hören, mit der er die Steine schliff. Er holte die, wie er sagte, droben aus dem Walde, und dabei war ihm noch niemals etwas Unheimliches begegnet.

1 Spille: Spindel.

Und Unheimliches war auch nicht an der Mühle.

Aber sie stand.

Pumphut ging hin und her und beugte sich immer wieder über das Mahlwerk, griff mit seinen Händen selber zu, er sagte nichts, aber die Mühle stand.

Groß und fremd lag das ganze Tal ringsum mit seinem kleinen Dörflein inmitten, in mächtig grauem Bogen erhoben sich die Berge ringsum und wurden noch grauer und verschwanden. Es ward dunkel und Regen fiel. Denn die Johannisnacht war vorbei, und es kam nun andere Zeit.

Crispin sammelte Reisig und schlug Feuer. Es gelang ihm auch, das Reisig in Brand zu bringen, das Feuer prasselte rot in den Nebeldampf hinein. Aber da kam Pumphut, und in der Sekunde sank es wieder zusammen, verlor seinen Schein und ward zu einem trüben glostenden Fünklein.

Pumphut sagte: «Das ist absonderlich», und versuchte sich daran. Aber das Feuer ging nicht an. Er versuchte sich wieder an der Mühle. Aber die Mühle stand.

Es war finster in der fremden Hütte, und sie saßen und schauten in den grauen Regen hinein, aber Pumphut schwieg.

Gingen dann zur Ruhe und schliefen gut, und es ist nicht zu sagen, daß sie irgend etwas störte. Der Bach sang nach alter Müllerart, wie er im Regen singt, aber das Mühlrad stand.

Und Crispin grübelte danach, was das alles bedeuten sollte und ob es nicht ein Mittel gäbe, den bösen Zauber zu lösen.

Am Morgen kamen wieder Leute aus dem Dorfe und sprachen: «Wollt ihr hier bleiben, ihr Mülller? So wißt, es ist verboten, weil keiner weiß, was es mit dieser Mühle ist. Und der Schulze läßt euch holen, so ihr nicht freiwillig geht, und es ist um euretwillen, daß er das tut. Die Mühle soll stehen bleiben, denn sie ist Teufelswerk. Und denkt doch nur, *jener*», ihre Stimmen wurden unheimlich, «weiß jetzo schon, daß ihr in der Mühle seid. Eilt! Eilt!»

Der Pumphut sprach kein Wort, sondern ging wieder an das Werk, die Mühle in den Gang zu bringen.

Aber die Mühle stand.

Und der Regen stürzte, und draußen im Tale und auf den Bergen war nicht eine Spur mehr von irgendwelchem Spiel und Zauber. Einmal schien es wohl, fuhr ein Komödiantenwagen vorbei, und es war, als ob unter dem nassen Plauendach hervor die Gesichter der Tilla und der Grule blitzen und als ob sie sehnsüchtige Blicke hinauf zur Mühle würfen, aber der Wagen fuhr in den Nebel hinein und verschwand. Und alles war wohl nur eine Täuschung gewesen. Nichts von allem Traum zeigte sich mehr in diesem Tale.

Und es dauerte nicht lange, da kamen zwei Männer den Weg zur Mühle hinaufgestiegen.

Der Pumphut sprach: «Da kommen sie. Und ich bin neugierig, was sie mit mir vermögen. Du aber mache, daß du aus dem Fenster kommst, oben im Walde werden wir wieder beisammen sein. Dieses hier ist ein Abenteuer, wie es mir noch nicht begegnet ist, und ich kann es nicht deuten.»

Und er sah nach dem Feuer, das immer wieder erlosch und nach dem Mühlstein, der sich nicht rührte, richtete sich dann aber auf und sprach zu den Burschen, die da eintraten:

«Ich bin Martin Pumphut.»

Crispin war aber nicht geflohen, denn er hoffte noch immer auf Pumphut, der mit so vielem fertig geworden war und dem Absonderlichsten schon in vergangensten

Zeiten begegnet, würde mit diesem kleinen Spiel auch fertig werden.

Die Burschen aber lachten und sprachen:

«Daß du Pumphut bist und vielhundert Jahre alt, ist schon im Dorfe herum, aber damit kannst du uns nicht schrecken. Ihr seid in die verbotene Mühle gedrungen, und bis sich erweist, wer ihr seid, müßt ihr in Gewahrsam bleiben.»

Und der eine lachte und sagte noch:

«Kannst dein neuestes Stücklein hier verüben, Pumphut.»

Crispin gedachte des Postreiters und der Landgendarmen und mancher anderer Sachen und auf einmal war es ihm doch, als ob sie hier ahnungslos in die Falle geraten sein könnten.

Er sah zu Pumphut hin und ob es auch an dem Regentag liegen mochte: noch niemals hatte er ihn so grau und verfallen gesehen. Wohl waren es noch der spitze Hut und das graue Röcklein, aber irgend etwas fehlte, und alles war wie ein uralter seltsamer verbleichender Schatten.

Und die Mühle stand.

Jetzt packte den Crispin Grauen, und als die anderen es sich nicht versahen, sprang er zum Fenster hinaus über den Bach und rannte oben nach dem Walde. Und hielt erst inne, als er unter den Tannen war und sah, daß sie Pumphut gebunden ins Dorf führten.

Er aber versteckte sich und verbrachte diese Nacht unter einen Felsen gedrückt, der ihn nicht ganz vor dem Regen schützte, und in aller Frühe schlich er wieder zu Tal, nachdem er vergeblich auf den Ruf des Kuckucks geharrt hatte.

Kam ihm der alte Steinschneider in den Weg und sprach: «Sie haben ihn im Dorf festgesetzt, aber ich meine, daß Martin Pumphut schon anderes geschehen ist! Es ist in mir wunderlich viel Freude, daß ich diesen seltsamen Müller noch zu sehen bekommen habe. Und warte, was er nun tun wird. Sie haben Angst und Bange vor ihm und haben ihm eine Klingel ins Gefängnis gegeben, damit muß er alle Stunden klingeln, auch in der Nacht, auf daß sie wissen, daß sie ihn noch haben.»

Crispin lachte, denn er sah nun schon den Streich, wie er dem Pumphut gebührte, vor sich, und sie gingen mitsammen leise durch einen Steinbruch zum Dorfe hinab.

Es war heller geworden und der Himmel voll zarter Wölklein, und schon von weitem hörten sie Pumphut in seinem Gefängnis klingeln.

Und er klingelte ganz laut.

Zugleich aber erhob sich droben im Walde der Ruf des Kuckucks.

Da wandte sich Crispin und, ohne dem Gefängnis, aus dem immer noch das Klingeln erscholl, noch einen Blick zu schenken, sprang er wieder in den Wald hinauf.

Und oben stand Pumphut an den Tannen, wie er damals an den Buchen gestanden hatte, lang, mit spitzem hohem Hute und grau, ganz grau und fuhr sich über die Stirn und sagte: «Das Stücklein hat mir fast Mühe gekostet.»

Und aus dem Tale hörte man noch immer das Klingeln.

IN DER HEISSEN MÜHLE

Pumphut und Crispin schritten wieder in den Wald hinein, wie nun schon längst gewohnt.

Schauten aber vorsichtig links und rechts und fast schien es, als ob der Pumphut sich nicht klar über den Weg sei, den er einschlagen wollte, er zauderte immer fort, es war, als ob er eine andere Richtung im Sinne habe, ihr aber doch nicht folgen könne.

Der Boden war fest, aber feucht, die Bäume standen ruhig, kein Vogel rief, es war alles stille im Walde und doch war es dem Crispin endlich, als ob sich wieder jenes erhöbe, was er an Pumphut kannte, jenes Gefühl sich mitteilte; als ob man über Wege und Wege wanderte, an Feldern und Wäldern vorüber und als ob man alle Mühlen klappern und alle Bächlein rauschen hörte: wandern – wandern – wandern – – –

Aber Pumphut ging sehr in Gedanken, sah zu einem Berge hin und sprach: «Dort hinauf müssen wir noch vor der Nacht.»

Crispin war es wunderlich, da es doch schien, als ob es den Pumphut wenig dort hinauf zur Höhe zog, ja, als der Pfad sich bot, war es immer noch, als ob er ausweichen wollte, aber es stand eine Kapelle am Wege, und an der konnte Pumphut nicht vorüber.

Und er stieg und stieg den steilen Weg und glitt wie ein Schatten an den grauen Feldern vorbei, und aus dem Grase sangen tausend Grillen, und von neuem war es, als ob es flöge und flatterte, ja, Crispin schien es eine Weile, als ob sie wieder in jenen Kessel kämen, wo sie die schöne Tilla vom hölzernen Esel geholt hatten. Er sah sie noch mit hellen Gliedern jauchzend in den Wald hineinspringen …

Aber da sie nun oben waren, merkten sie, daß der Berg auf der anderen Seite wieder abfiel. Da war ein Tal. Es war enge wie ein Kessel, ja, es war fast wie jener Kessel, in dem die Glocken geläutet hatten; da lag eine Mühle.

Und Pumphut stand und sah die Mühle an, und es war, als ob er ausweichen wollte, und er ging eine Weile oben auf dem Kamme entlang, und wieder raschelte und lispelte es um ihn, wieder war es, als ob allerhand Stimmen riefen, eine Minute war es, als ob er sich zurückwenden wollte … der kühle Frühsommerabend klang auf und mit ihm alle fernen Wege, Bäche und Mühlen … Aber Pumphut wandte sich und schritt den kleinen Pfad hinab zu dieser Mühle.

Und sie sahen, die Mühle ging.

Sie klapperte laut und kräftig, und ein großes Wehr war dabei, über das das gestaute Wasser stürzte, die große Fläche spielte grau im dunklen Abend, hierher kam kein Licht und rauschten auch nicht mehr die Fichten. Aller lichte Himmel war ferne.

Aus der Tür aber trat eine lange hagere Gestalt.

Crispin durchfuhr es: der … Müller …

Ihm hatten sie auf dieser Flucht entgehen wollen und gerade zu ihm waren sie gekommen.

Der Müller aber tat nichts dergleichen.

Lud sie höflich ein, näherzukommen, da man in seiner Mühle allen reisenden Gesellen Obdach zu geben pflege, er sprach das, noch bevor sie ihre Worte gesammelt hatten.

Rief irgend jemand im Hintergrunde zu, daß man das Lager für die beiden Müller richten möge, führte sie in die Stube, und sie merkten, wie das Werk ging. Es war, wie es Pumphut vielleicht aus sehr alten Zeiten gewöhnt war:

mächtig schwangen sich die Räder, rieben sich die Steine, ging das Werk und waren allerhand Gesellen, die man nicht sah, bei der Arbeit. Hin und her sprang es, und es wurden bleischwere Säcke geworfen, ab und zu hörte man Stimmen, verstand aber kein Wort und konnte niemand sehen. Nur das empfand man, daß die Mühle ging.

Und der Müller sagte: «Gelt ja, dies ist doch viel schöner, als jene alte Mühle da droben, die nicht mehr geht. Meine Mühle steht zu keiner Stunde.»

Und er lächelte.

«Es freut mich, daß ihr hierher zu mir gekommen seid», sprach er weiter, «und es soll euch an nichts fehlen.»

Pumphut aber schwieg, und auch Crispin vermochte nichts zu sagen, sah sich um und erschaute hinter sich eine große Uhr, deren Weiser auf Zwölf stand. Und obgleich das Pendel sacht hin und her schlug in gleicher Weise fast, wie die Mühle ging, stand der Zeiger immer nur auf Zwölf.

Und Crispin sah draußen die finsteren Tannen den Berg hinaufsteigen, und ihm war, als stiegen sie immer noch weiter, und als gingen sie selber tief unten nach dem Grunde der Welt.

Der Müller aber sagte: «Verwundere dich nicht, daß der Zeiger auf Zwölf steht. So steht er bei mir immer, und es ist bei mir immer um die Zeit.»

Und von neuem hörte man draußen das Traben der unbekannten Knappen und das Stoßen von Säcken oder schweren Lasten, die hin und her geworfen wurden, und immer und immer mahlte die Mühle.

Und der Müller sah sie an und sprach: «Es wird euch freuen, zu vernehmen, daß auch euer Zeiger auf Zwölfe steht.»

Er rückte den großen Stuhl und fuhr fort: «Das soll uns aber nicht abhalten, noch etliches zu plaudern, zumal jeder von uns allerhand erlebt haben mag. Auch du, Crispin, hast es schon redlich versucht, und von Pumphut wissen wir alle, daß sein Weg recht lange ging.» Und er lächelte.

Die Tür tat sich auf, und es kam ein Frauenzimmer herein, die Gläser mit Tokaierwein und schönem Schinken und dem weißesten Brot, das Crispin je gesehen hatte, auf einer Platte trug, und es war wohl eine noch noblere Bewirtung, wie sie sie jemals erfahren hatten. Crispin klang noch das Lachen der Tilla und der Grule im Ohr, und er starrte auf dieses Frauenzimmer und dachte: Dieses Wesen muß er aus dem Morgenlande mitgebracht haben. Denn ein ehrliches schlesisches Müllerskind ist diese Jungfer nicht.

Und wußte zugleich nicht, ob sie überhaupt des Müller Kind oder seine Frau war oder wie man das nun nennen mochte.

Und war dieses Weibsbild über die Maßen häßlich.

Hielt sich wohl auf schlanken Beinen und war behend, war aber im Gesicht wie von der grellsten Sonne gebräunt, und das war es nicht allein, nein, es war noch eine andere Farbe, etwas Grünliches oder Fahles da, stand die Nase vielleicht auch schief und ebenso der Mund ... Jedenfalls war allerhand da, das diese Person über die Maßen abschrekkend machte und voller Verlangen dachte Crispin an den weißen Leib der schönen Tilla und fern, oh, wie fern, stieg wie ein Nebelbild jene andere hervor, jene Holde, die sich der heiligen Walpurgis geweiht hatte.

Der Müller hieß sie, sich mit an den Tisch zu setzen, und die Gläser klirrten zusammen, er trank der beiden Gesellen Wohl und sprach wieder: daß sie aus der kleinen Mühle entwichen seien, mache ihm gar nichts, da sie ja nun doch zu ihm gekommen seien. Er wolle keine Feindschaft mehr, und sie merkten es ja schon.

Und sie tranken, und die Jungfer stieß mit ihnen an und draußen rollten unablässig die schweren Lasten und ging laut und stark die Mühle.

Und Pumphut trank und trank, und hinter ihm stand der Zeiger auf Zwölf.

Die Jungfer lachte und stieß immer wieder mit ihm an.

Crispin aber trieb etwas in seinem Innern und sprach: Siehe nur, daß du aus dieser Mühle entkommst, aus der nötig zu entkommen ist wie noch aus keiner.

Und während er auf des Müllers Worte hörte, der gar viel von heißen und ja über die Maßen glühenden Ländern erzählte, die er alle zu kennen schien und die er ihnen auf das Denkbarste pries, überschlug sein Verstand immer den Weg, den sie gekommen waren, und er suchte sich vorzustellen, wie dies Tal sein mochte, denn jetzt im Dunklen war nichts mehr zu erkennen.

Jetzt fragte er den Meister geziemend an, ob sie sich zur Ruhe begeben dürften, und der gab es lächelnd zu.

Die Fremde, der der Müller den Namen Mandane gab, öffnete ihnen die Türe und lächelte sie mit ihrem roten Munde an.

Es war wohl ein anderer Ausgang, denn sie sahen nichts von dem Getriebe der Mühle und von den Knappen, sondern aller Lärm blieb abseits. Sie gingen eine schmale Stiege hinauf bis zum Boden und hier war nichts weiter als das Licht der Fackel, die ihnen Mandane gegeben hatte und unter ihnen in der Tiefe, ging das Mahlwerk.

Und Crispin bog sich vor und horchte und sprach: «Ist es nicht, als ob diese Mühle weit, weit unten auf dem Grunde der Erde ginge?»

Aber Pumphut antwortete nicht, und auf seinem Gesicht unter dem spitzen Hute war etwas Wunderliches.

Crispin aber trat in die Kammer und, zum Fenster hinausleuchtend, stieß er einen Ruf aus: Dicht dahinter war schwarzer Fels und sicherlich konnte ein kühner Sprung von hier aus einen Pfad erreichen, der in die Höhe ging. Wenn nicht alles täuschte, war gerade von dieser Kammer aus der Ausweg ganz nahe.

Und er sagte zu Pumphut:

«In der Frühe werden wir wo anders sein, wie mir deucht.» Und lachte.

Und dachte an das Glöckchen im Tale. Und an alles andere.

Und war froh in sich.

Aber Pumphut sagte nichts.

Crispin schlief ruhig, wie so oft inmitten dieser Abenteuer, hörte im Traum das Dröhnen des Mühlwerks und sah den rettenden Felspfad vor sich, der hell in der Sonne schimmerte.

*

Als er aber in der Frühe erwachte, war jener Felspfad nicht mehr da und draußen überhaupt nichts als dichter grauer Nebel, der hin und her zog und aussah, als ob er aus unendlichen Gründen käme. Nicht war zu sehen, wie es draußen stand, noch wo Wald und Straßen waren. Und die Luft war voller Qualm und Rauch.

Aber das Mahlwerk ging.

Crispin sprach zu Pumphut: «Ich weiß ja, daß dir viele Wege offenstehen, Pumphut, aber mir scheint, daß es an der Zeit wäre, einen von diesen zu gehen, ehe dieser Müller sein böses Spiel mit uns zu Ende treibt. Ich sehe ihm ja die Freude an, uns endlich im Garn zu haben.

Pumphut sagte: «Es wird wohl so sein. Aber ist es so, daß du Pumphut je in Ängsten sahst? Wir werden aus dieser vertrackten Mühle kommen und wandern wie einst. Aber das Werk möchte ich noch sehen.»

Crispin sprach: «Mir ist, als ob man es besser nicht sähe. Denn wie soll es mit diesem allem sein?»

Er dämpfte seine Stimme erschrocken, denn ihm war auf einmal, als ob alles ringsum höhnisch auf ihre Worte lausche.

Sie gingen hinunter; kein Hahnkrähen, kein Peitschenknallen, kein Wort, aber immerwährend dieses mächtige Rollen und das Rennen und Schaffen der unsichtbaren Knappen.

Aber nicht eine Spur von allem war zu sehen, da war nichts als glatte Wand oder als ob ein Nebel den Blick verhülle.

Pumphut stand und horchte und horchte.

Auf einmal aber war jenes Frauenzimmer von gestern vor ihnen, wie aus der Wand hervorgewachsen, gleich wie gestern, über die Maßen seltsam, mit fahlen Augen und einem sonderbar verzogenen Munde, und Crispin versuchte wieder, alles Absonderliche an ihr herauszufinden, und ihn überlief ein Grauen, und er sagte sich eben: sie stammt aus –

Da mußte er auf jene Stube schauen, deren Türe sich vor ihnen auftat wie gestern, und sah den Zeiger wieder auf der zwölften Stunde stehen. Und jetzt wußte er auf einmal, was es mit dieser Mühle war.

Die Müllerin aber lächelte Pumphut über die Maßen freundlich an und sprach:

«Es wird nicht leicht sein, dieses Mahlwerk zu sehen, Pumphut, aber ich begreife, daß es dich dahin zieht.»

«Ja, ich möchte es noch sehen», sprach Pumphut, und seine Augen hingen an der Sonderbaren.

«Ich weiß», erwiderte sie lächelnd, «denn was du auch schon auf der Welt gesehen hast, dieses sahst du noch niemals.»

Und die Mühle ging.

Pumphut fragte, ob er nicht zu ihr hinüberkönnte?

Crispin verwunderte sich, daß der Pumphut solche Bitte tat. Und staunte, wie dessen Blicke an dieser hingen, da er sich doch sonst um die Schönste im Walde nicht gekümmert hatte.

«Du kommst dazu, wenn du mir folgen wirst», sprach sie und entschwand.

Crispin und Pumphut aber traten in die Stube und fanden wieder das Feinste aufgetafelt. Aber der Müller war nicht zu sehen.

Nur die Mühle ging, unsichtbar und gewaltig.

Und Pumphut lauschte.

«Mir scheint es ja, Pumphut, als ob du wirklich in allen deinen Abenteuern solches noch nicht sahest wie hier», sprach Crispin.

«Nein», sagte Pumphut, «solches sah ich wohl noch nicht.»

«Mir ist es, als ob wir in einem großen Netz gefangen würden. Denke an die Deutomühle, die nicht ging, und an das Feuer, das erlosch – und –» Crispin holte rasch Atem: «Sagtest du nicht einmal etwas von einem Frauenzimmer, das dir gefährlich sein und dir das – – Ende bringen sollte, Pumphut? Höre, höre: Deuto! Wir vernahmen die Warnung nicht.»

Pumphut aber lachte.

«Das Ende ist mir nur von einem überaus reizenden Frauenzimmer prophezeit worden, Crispin. Und sahest du solches hier? Nein, ehe das nicht auftaucht, was mir noch niemals begegnet ist, eher kommt das Ende nicht. Aber das Mahlwerk will ich sehen.»

«Wir wollen fort, Pumphut», bat Crispin. «Mir ist, als ob die Mühle mit uns immer tiefer sänke; gestern waren wir noch auf festem Grunde und hernach sahen wir noch einen Felspfad von der Kammer aus, aber wo sind wir jetzt? Mir ist, als ob alles, was wandern heißt, als ob alle Straßen und Mühlen der schönen Welt von uns wegglitten, und als ob wir eilen, eilen müßten, ehe sie uns ganz entschwinden. Pumphut, wenn wir nicht sogleich gehen, kommen wir niemals wieder aus dieser Mühle!»

Pumphut sagte: «Ich möchte nur das Mahlwerk noch sehen.»

Crispin drängte ihn aus der Stube.

Draußen sah er sich um.

Wo war die Stiege?

Grau war alles. Und deutlich fühlte er, wie die Mühle tiefer und tiefer mit ihnen sank.

«Hinauf, hinauf», keuchte er den Pumphut an und zog ihn nach den Stufen, die er jetzt entdeckt hatte. Wenn sie nur den Boden noch erreichten, ehe die Mühle ganz versank! Das war das Teufelsspiel des Müllers, mit dem er sie schon in der Deutomühle angelockt hatte, und jetzt wollte er mit ihnen zur Hölle!

Das war es!

Crispin wußte, was es mit diesem Mahlwerk auf sich hatte. Und sein Herz schlug voller Angst, denn er wußte, daß er jetzt inmitten des schwersten Abenteuers seines Lebens stand. Und daß es um Haut und Haar, Leib und Seele ging.

Und sah noch einmal alle Mühlen und weißen Straßen und hörte den Kuckuck und packte den Pumphut: «Der Kuckuck muß wieder rufen!» flehte er, «komme, komme ...»

Oben an der Stiege aber stand Mandane und winkte mit ihrer gelben Hand.

«Hier geht es zum Mahlwerk, Martin Pumphut. Du brauchst nur hinzuschauen und wirst dich verwundern, denn ein solches Werk gibt es auf der Welt nicht zum zweitenmal.»

Und sie schob Pumphut auf einer schmalen eisernen Stiege vorwärts und wandte sich auch mit holdseligem Lächeln zu Crispin: «Weil du des Pumphut Gefährte warst, sollst du das gleiche erfahren wie er – –»

Aber Crispin fühlte, wie ihn etwas zurückriß und wußte nicht, ob es sein eigener Wille war oder ob da oben auf der Welt noch irgendeine ferne Seele in heimlichstem Gedenken und reinster Sehnsucht an ihm hing, oder ob es seine Mutter selber war, die ihn vor diesem schlimmen Abenteuer behütete, oder ob es gar noch irgend etwas anderes auf der Welt gab, das seiner harrte, ohne ihn zur Stunde noch zu kennen.

Und er riß sich los und sprach:

«Ich begehre dieses schreckliche Mahlwerk nicht zu schauen. Will hier an der Stelle aber warten, bis Pumphut wiederkehrt.»

Und sandte dem Seltsamen noch einen beschwörenden Blick zu und wußte doch: solche Wesen kann keiner beschwören … Die müssen ihren Weg gehen, und es weiß keiner, wie es enden wird.

Und sah den Pumphut mit der Mandane auf der schmalen schwarzen Galerie dahin gehen, sah, wie sie ihn umschlang, hörte, wie sich eine Pforte öffnete, und für eine Sekunde erscholl ihm ein ungeheuerlicher wilder Lärm entgegen, wie er ihn noch niemals auf dieser Welt vernommen – – sah Dunst und gelben Rauch und Flammen – – sah, wie sie zusammen hinabsprangen und dachte: Was ist das für eine Mühle … Gott gnade –

Und ward hinaufgeschleudert mit ungeheurer Gewalt und erwachte am Rand des Felsens, den sie gestern oder wann es gewesen sein mochte, hinabgesprungen waren, und neben ihm lag des Pumphut großer Hut.

Sah ihn an, nahm ihn in die Hand: es war ein alter, uralter Hut, und in dem Augenblicke zerfiel er in seinen Fingern zu Staub.

Und richtete sich auf und sah sich um und dachte: Wo ist Pumphut?

Und rief und rief durch den Wald und suchte nach der Mühle und ging weiter und fand sie nirgends und hörte keinen Laut.

Der ganze Wald war still. Nichts war als Wald. Kein Vogel schrie. Und auch kein – – Kuckuck.

Und rief immer wieder: Pumphut! Pumphut! Und glaubte immer von neuem, ihn irgendwo im Grünen an einer Buche stehen zu sehen, denn sie standen grau und blau im fröhlichen Sonnenlicht wie einst, nur daß ihr Laub noch voll an den Ästen hing, aber Pumphut war nicht da. Und kam auch nicht.

Und die schreckliche Mühle blieb verschwunden. Und Crispin mußte sich sagen, daß alles verschwunden war. Auch Pumphut. Und daß er selbst auf so sonderbare Weise errettet worden war.

Und rief und rief immer noch.

Aber Pumphut kam nicht mehr.

Kein Kuckuck rief.

Er war von dieser Welt verschwunden. Nach so vielhundert Jahren. In jener – – Mühle.

DER MÜLLER ZU GUBLINE

Und als die Nacht sank, faßte den Crispin so ungeheuerliches Gefühl der Einsamkeit, wie er es schon lange nicht mehr verspürt hatte. Auf einmal begehrte er fort von diesem allen, fort aus allem Abenteuer und Spuk und fort aus dem Walde.

Aber wie kam er hinaus? Wußte er doch nicht, wo er war und wohin der Pfad ging, und wie es ihn verstrickt und geworfen hatte, und wie es ihn noch werfen würde.

Aber sein Herz strich alles Bunte von sich ab und nur eine einzige Sehnsucht war in ihm: Menschen! Nach Menschenwort, ach, nur einem einzigen Menschenwort und Menschenblick!

Und er rief und rief in den Wald und jetzt nicht mehr nach Pumphut, nach dem Kuckuck, sondern es war inmitten des tiefen dunklen Waldes der sehnsüchtige Ruf nach einer warmen Menschenseele.

Und plötzlich war es ihm, als ob von weither Antwort käme.

Und er rief und rief wieder, und von neuem ward ihm Antwort.

Und er zögerte: Welcher Spuk kommt jetzt wieder über mich? Und dachte an Tilla und Grula, an das «Meerschiff» und an die Teufelsmühle und zuletzt auch an die Nacht der heiligen Walpurgis.

Und für einen Augenblick war es ihm, als ob die Eine, Wunderbarliche, die ihn in den Wald getrieben, jetzt darinnen nach ihm suchte.

Und ging immer der Stimme entgegen, und wenn die eine aufhörte, so rief die andere.

So kamen sie endlich aufeinander.

Er sah ein Mägdlein im Dämmern stehen und erschrak, denn er meinte wirklich jene zu sehen, die ins Kloster gegangen war.

Aber es war eine andere, die ihn erschrocken anstarrte und sprach: «Wer seid Ihr? Ich meinte meinen Vater zu rufen, der ins Gebirge gegangen ist und dem ich entgegengehen wollte.»

«Ist er hier», sagte Crispin, «dann kann es wohl sein, daß er in Dinge gerät, wie sie mir in den Weg gekommen sind.»

«Meinem Vater kann niemand etwas anhaben», sprach sie und sah ihn zuversichtlich an, «es könnte nur sein, daß er sich verspätet hat und versehentlich auf falschen Weg geraten ist. Und darum wollte ich ihn rufen.»

«Und habt mich gerufen, Jungfer», sagte Crispin. Und fragte: «Wer seid Ihr?»

«Ich bin des Müllers Tochter zu Gubline», antwortete sie, «und man nennt mich Wicke. Mein Vater ist der, den sie zu allen Krankheiten rufen und denen er hilft. Er kann viel, aber er ist kein Böser.»

«Eine Müllerstochter seid Ihr», rief er voller Freude, «ich bin ein reisender Müller, dem viel Sonderbares begegnete. Aber sagt mir, wo ich eigentlich bin?»

«Ihr seid nicht eine Stunde von Gubline», sagte sie, «hier drüben ist der Wald zu Ende und hört auch das Gebirge auf. Unsere Mühle liegt nicht mehr in den Bergen.»

«Hier ist der Wald zu Ende», rief Crispin voller Verwunderung. «Und das Gebirge auch? Und gerade hierher bin ich geraten? Aber wie komme ich ganz hinaus?»

Und sah wieder das Gesicht der Jungfrau und wieder kam ihm vor, als ob es derjenigen in der Klostermühle ähnelte.

«Jungfer, wollt Ihr auch ins Kloster gehen?» fragte er.

«Warum meint Ihr?» sagte sie erstaunt.

«Weil Ihr doch den Namen einer Heiligen führt», sprach er schnell, «Ihr heißt doch Hedwig?»

«So heiße ich», sprach sie, «aber ins Kloster zu gehen, danach steht mein Sinn nicht, wenn man mich auch ein braves und gottesfürchtiges Mädchen nennt.»

«Mit Euch komme ich vielleicht aus dem Wald», sagte er.

«Wir müssen auf den Vater warten», sprach sie.

Es dauerte aber nicht lange, bis sich ein schwerer Schritt hören ließ, der von einem Holzpfade herunterkam. Das war der Müller zu Gubline. Nicht Pumphut, nein; kein Spuk.

Ein ehrlicher rechtschaffener Mensch, der den Burschen, den er bei seiner Tochter fand, sehr aufmerksam musterte. Da Crispin ihm gefiel, ließ er es zu, daß sie zusammen bergab gingen, und lud den Burschen ein, in seiner Mühle Quartier zu nehmen.

Und so kamen sie aus dem Walde und aus dem Gebirge.

*

Als Crispin am anderen Morgen den Kopf aus der Kammer steckte, sah er es ferne gleich einem feinen und blauen Dunste liegen: das waren die Berge. Und hier war alles sommersonnenhell. Im Garten zirpten die Ammern und Grasmücken, und um das Dach flogen die Schwalben. Und wenn sich auch noch manches andere Vogelvolk in der Nähe vernehmen ließ, so doch kein Kuckuck.

Und wenn der Müller zu Gubline das Heilen von Krankheiten fast lieber betrieb als das Mahlen und auch den kleinen Kindern besser ins Leben verhelfen konnte als die beste Bademutter, so hatte er doch nichts mit jenen geheimnisvollen Dingen zu tun und an der Mühle stand es in großen Buchstaben:

Soli deo gloria.[1]

Da der Müller so oft unterwegs war, fand es sich, daß Crispin in der Mühle bleiben konnte, und er blieb nicht nur diesen Sommer, sondern auch den Winter über und nicht nur diesen, sondern alle Winter und Sommer, die er auf dieser Welt verbrachte.

Denn er heiratete die blonde Wicke und ward des Müllers Eidam. Und es war viel Eintracht und Glück in der Mühle wie kaum in einer anderen in der Runde. Und das Mahlwerk ging tüchtig, wenn es auch beileibe nicht jenem gleich war, das Crispin nicht sehen wollte und auch zum Glücke seiner Seele nicht gesehen hat.

Mit der Zeit hatte Crispin auch die Kunst des Müllers übernommen und ward ein fast noch geschickterer Heiler aller Wunden und Gebreste[2] und sagte selber, daß er nicht wüßte, wie solches an ihn gekommen sei, da er doch niemals nach dergleichen geschaut habe. Und es war ihm manchmal fast, als ob es doch damals an ihn herangekommen sei, da er, in jenes Sonderbare verstrickt, durch das Gebirge streifte und die wunderlichsten Abenteuer erlebte.

Und wenn diese erst nur der alte Müller und die junge Wicke wußten, so erzählte er sie später auch anderen, denn seltsam und schön war doch, was ihm als Wanderbursch begegnet war.

In langen Jahren verstand er immer wieder zu berichten, wie er auf jenen merkwürdigen Berg geraten und darauf in die Schwedenmühle gekommen war. Wie es ihn dann

1 *Soli deo gloria*: Gott allein die Ehre.

2 Gebreste: Gebrechen.

in die Klostermühle wehte und er das alte Dörrhaus brennen sah und wie er dann im Buchenwalde den Kuckuck hörte … Niemals vergaß er, daß er als einziger im ganzen Lande wirklich erlebt hatte, wie der berühmteste der schlesischen Müller, wie Martin Pumphut endete. Denn nachmals ist der keiner Seele mehr begegnet und wird auch keiner mehr begegnen.

Und glaubt ihr noch immer nicht, daß die Müller viel erleben?

Nachwort

ÜBER DAS ALS-OB IN DER LITERATUR

«Als ob der Blumenflor von Eis
Am Fenster wäre grün,
Als ob der Bäume dürres Reis
Gar lustig wollte blühn.»

Adalbert Harnisch,
Frühling im Winter (1859)

In seinem Buch *Gespräche mit Kafka* (1951/68) unternimmt der tschechische Autor Gustav Janouch den Versuch, ein Psychogramm des Schriftstellers Franz Kafka zu entwerfen. Anhand von anekdotenhaft herbeigeführten Alltagssituationen erhellt er Kafkas Sprachgebrauch und dessen Gefühl für Sprache. Janouch erzählt, wie er den Juristen Kafka in seinem Büro antrifft: Kafka sitzt mit verstörtem Blick vor seinem Schreibtisch, auf dem ein großes Buch liegt. Gemeinhin wird ein solches Objekt zwar als Buch bezeichnet, aber das konkrete Exemplar auf Kafkas Tisch entspricht diesem Begriff und der damit verbundenen Nutzungsabsicht nicht. In dem Buch befinden sich nämlich bloß leere Seiten, eingebunden in braunes Kunstleder, das echtes Leder sein will. Das Buch stellt für Kafka einen Betrug dar, ein Objekt der Täuschung, das irgendwer, offenbar in böser Hintersinnigkeit, auf seinen Schreibtisch gelegt habe. Kafka gerät in Rage und ist unfähig, auf die von seinem Gesprächspartner angeführte und naheliegendste Lösung des Rätsels zu kommen. Und doch: Es bestätigt sich Janouchs Annahme. Das

Buch war gar nicht für Kafka bestimmt, sondern für einen Kollegen, der sich solche Bände als Exzerpt- und Notizbücher herstellen lässt. Sich beruhigend erklärt Kafka sein auffälliges Verhalten, das anderen durchaus «verdreht» vorkommen möge: «Ich kann mir aber nicht helfen: ich fürchte mich vor allen Scheingebilden. Das Als-Ob ist immer eine Schlinge des Bösen.»

Kafkas Ausnahmezustand verweist auf die Sehnsucht nach einer den Wörtern innewohnenden Wahrheit. Wort und Welt müssen verbunden bleiben. Sonst ergeht es einem wie Goethes Faust, der über den Sinn und die Zusammenhänge der Welt nachdenkt, aber letztlich nur das ihn peinigende Gefühl bekommt, «in Worten [zu] kramen». Die Wahrheit hinter den Wörtern und Worten muss fest und unverbrüchlich sein. Ist sie es nicht, gerät alles ins Wanken. Wo Sein, Sinn und Bezeichnung nicht mehr übereinstimmen oder übereinkommen, geht uns die Sicherheit verloren. Das Fundament in uns bricht auf, und Ängste fliegen wie Fledermäuse empor. Sie umdüstern das klare Bewusstsein bis zur völligen Handlungsohnmacht. Janouch lässt Kafka sagen:

> «Die Worte müssen genau und fest umgrenzt sein, sonst könnten wir in ganz unerwartete Abgründe stürzen. Statt auf glattbehauenen Stufen emporzukommen, könnten wir in unförmigem Sand und Schlamm versinken.»

Das von Kafka genannte Als-Ob ist das Unerwartete, der unsichere Schritt ins Leere, der drohende Absturz und Untergang. Das Als-Ob zeigt sich im Verfehlen privater wie beruflicher Ziele, weil es der immer täuschende Anschein ist. In andere Menschen können wir nicht hineinblicken, wir müssen mit dem vorliebnehmen, was sie uns zeigen, und das Gezeigte wird eine Täuschung sein, die uns niederwirft. Da Nebenmenschen uns stets ein solches

Als-Ob bleiben, gestaltet sich der Umgang mit ihnen als nahezu unmöglich. Die Paranoia wird zu unserem Normalverhalten.

Die deutliche Ausprägung all dessen bei Kafka und die hysterische Stimmung, in die eine höchst unscheinbare Manifestation des Unerwarteten ihn hineintreibt, lassen tief blicken. Nicht in ihn, den wir ja nur von außen kennen und in großer zeitlicher Distanz sowie vermittelt durch andere Menschen wahrnehmen, sondern in die Bewusstseinslage der Zeitläufte und einer Epoche. Der Philosoph Karl Jaspers skizziert sie in seinem Buch *Die geistige Situation der Zeit* (1931) und findet eine allgemeine Mentalitätsbeschreibung, die mit Kafkas Verstörung zu belegen ist. Jaspers spricht von «Lebensangst», die zum unheimlichen Begleiter des modernen Menschen geworden sei. Zuvor waren die Unsicherheiten, Zumutungen und möglichen Schicksale des täglichen Lebens, die den Menschen verängstigen konnten, keineswegs geringer, aber allmählich kommen sie dem Menschen zu Bewusstsein und verlassen ihn nicht mehr. Er verharrt nicht länger funktionierend und alles hinnehmend in einer bestimmten Rolle, die das Leben ihm zuweist, sondern er verhält sich reflektierend zu dieser. Er weiß um die unendliche Fülle dessen, was misslingen kann und sein Weiterleben bedroht, und seine Auflehnung dagegen verschlimmert alles. Die Strukturen und Organisationen, die sich der Mensch zur Bannung der Angst aufbaut, nämlich Versicherungen oder Systeme der medizinischen Versorgung, können die Angst letztlich unmöglich einfangen, sondern höchstens für eine gewisse Zeit deckeln. Solche Organisationen stoßen ihn geradezu auf verängstigende Dinge, welche vorher niemand ahnte. Die Scheinsicherheit, in die sich der moderne Mensch einhüllt, ist eine derart umfassende und lückenlose, dass schon, wie im Falle Kafkas, die kleinste Ungereimtheit alles zum Einsturz bringt. Es kann nicht sein, was nicht sein darf, wozu keine Veranlassung besteht, was den eigenen Ritualen und der auf die Dinge um uns herum projizierten Ordnung widerspricht. Trotzdem passiert all das. Jeden Tag. Die Angst ist der tägliche Weggefährte des Menschen. Sie lässt uns die Dinge wahrnehmen und dabei den Anschein der Dinge beargwöhnen. Es kommt anders als erhofft. Jedes Ding wird zu einem Als-Ob, jede Situation hat ihren Schein, ihren Trug, ihre Fiktion. Die Dinge halten sich nie an unsere Festlegungen, an Kafkas Wunsch, dass jedes Buch dem entspricht, was sein eigener Begriff an Realisierungsmöglichkeiten vorsieht.

Wer die Angst bannen will, muss sich ihr stellen und das Als-Ob zulassen, es zumindest verstehen. In umfangreicher Form hat sich der Philosoph Hans Vaihinger dieser Aufgabe angenommen und 1911 sein Buch *Die Philosophie des Als Ob* vorgelegt. Es entstand seit 1873 und wuchs, bis Vaihinger im Winter 1876/77 den ersten Teil niederschrieb. Eine wesentliche Erkenntnis und Einsicht Vaihingers besteht darin, das Als-Ob als Wesensmerkmal der Welt, in der wir leben, anzusehen und nicht, wie Kafka es tut, als Ausnahmezustand oder Unfall zu verteufeln. Man könne nur sagen, so Vaihinger,

> «dass sich die objektiven Erscheinungen so betrachten lassen, *als ob* sie sich so verhielten; aber nimmermehr besteht ein Recht, hier dogmatisch aufzutreten und das *als ob* in ein *dass* zu verwandeln».

Den Nutzen einer solchen Sichtweise erörtert Vaihinger mit einem Verweis auf den österreichischen Staatsrechtler Georg Jellinek. Das Als-Ob ermöglicht es, den Menschen aus der naturwissenschaftlichen Festlegung herauszuholen und seine Freiheit zu begründen. Nach Jellinek solle man die Menschen betrachten, «*als ob* sie frei wären», der Mensch selbst müsse sich für frei halten und sich so benehmen, «*als ob* er frei wäre, um überhaupt moralisch sein zu können». «Weil der Mensch sich für frei *hält*, nicht aber, weil er frei *ist*, empfindet er Reue und Gewissensbisse.» An anderer Stelle heißt es bei Vaihinger, dass jenes Als-Ob der wirklichen Welt zu ihrem schönen Schein verhelfe. Bei entsprechenden Satzkonstruktionen gehe es anstelle der Tatsächlichkeit um die subjektive Vorstellung, wobei diese sich mithin der Wirklichkeit entgegenstemme.

Die Kontexte, die Vaihinger zum Als-Ob eröffnet, tragen zu einem Verständnis dessen bei, was wir Heutigen unter Moral, Politik und Ästhetik verstehen. Das Als-Ob zielt auf Freiheit ab und wertet das individuelle Erleben auf. Es ist das hoch geschätzte Diverse. Alles kann so, aber auch ganz anders sein, was uns keine Angst bereitet, sondern den Reiz des Lebens vervielfacht. Welt und Leben werden wieder zum Geheimnis in einer als geheimnislos erkannten Welt. Stefan Zweig stellt 1927 in seinem Buch *Sternstunden der Menschheit* fest: «Das zwanzigste Jahrhundert blickt nieder auf eine geheimnislose Welt.» Mit der Geheimnislosigkeit wird die zur Materie herabgestufte und als solche verabsolutierte Wirklichkeit beklagt. Der Philosoph Friedrich Albert Lange konkretisiert und korrigiert eine solche Sichtweise in seiner *Geschichte des Materialismus* aus dem Jahr 1866, wiederveröffentlicht 1920 mit einer Einleitung des Friedrichshagener Naturphilosophen Wilhelm Bölsche, der selbst die Fetischisierung des Stofflichen überwinden wollte. Lange erteilt der menschlichen Sicherheitshoffnung, es könnte eine materielle Wirklichkeit als «absolut festes, von uns unabhängiges und doch von uns erkanntes Dasein» geben, eine Absage. Die Welt sei unsere Vorstellung, ein Produkt des Individuums «in der frei mit dem Objekt schaltenden Synthese». Die Welt als Interaktion schließt die Täuschung, den analogischen Schein und das Symbolische ein. Dem Künstler ist die Erzeugung des Scheins nur bewusster als anderen.

Die Welt ist ein Als-Ob auch im Sinne einer Andersartigkeit. Das, was ist, ist ein Symbol für etwas anderes. Der Psychoanalytiker Georg Groddeck schreibt 1922 in einem Beitrag für die Zeitschrift *Imago*, der Mensch sei «symbolisch eingestellt», «weil er ein symbolisierendes Wesen ist». Für Erwachsene mag ein Stuhl ein Stuhl sein, so Groddeck, aber für ein Kind stelle er vieles mehr dar, nämlich «eine Kutsche, ein Haus, ein Hund oder ein Kind». Als-Ob-Konstruktionen haftet in dieser Hinsicht etwas Kindliches an. Das Wahrgenommene könnte anders, muss vielleicht anders sein, um sich damit arrangieren zu können. Das Als-Ob ist eine Vorausschau, das sich in den Dingen widerspiegelnde Gefühl, der sich in sie eindrückende, einschmiegende Wunsch. In dem Gedicht *Frühling im Winter* (1859) von Adalbert Harnich zeugt das Als-Ob von einer veränderten Wahrnehmung, die durch ein Liebeserlebnis ausgelöst wird. Der doppelte Liebesblick verwandelt die Anzeichen des Winters in Anzeichen des Frühlings. Die innere Erwärmung durch das gehabte Liebesspiel wird auf die winterliche Außenwelt übertragen, und wie dort alles aufblühen könnte, sollte und wird, so wächst in der Mutter das Kind heran: als Frühlingserwachen im Winter und neues Leben, das nach dem Winter in die Welt kommt. Das ist die Pointe des Gedichts.

Ohne das Als-Ob findet demnach keine symbolische Betätigung des Menschen statt. Sie ist ihm eigen, konstituiert ihn. Der Mensch ist das Schein erzeugende Wesen. Sich selbst sieht er in den Dingen, bevor er versteht, ihm bewusst wird, was er dort sieht, und was ihn umtreibt. Die

Selbstreflexion ist immer auch eine bildmetaphernhafte Kommunikation mit der Umgebung, durch welche sich die Persönlichkeitsentwicklung vollzieht. Diese Kommunikation mit der Außenwelt scheitert bei Franz Kafka. Er leidet am Als-Ob. Das Scheinhafte der Dinge verängstigt ihn. Aber eigentlich ist es mitnichten der ihm unerklärliche Gegenstand, der ihn rasend macht, nicht die fremde, geahnt arglistige Tat des Hinlegens auf seinen Schreibtisch, sondern das fehlende Verständnis für die eigene Projektion. Kafka verfällt der Eigentäuschung. Er hält für böse und hinterlistig, was aus ihm hervorgeht, jedoch ohne positiven Ausgang für seine persönliche Entwicklung. Im Gegenteil: Das Als-Ob weist er anderen zu, obwohl es in ihm wohnt. Kein Wunder, dass ein solcher Mensch in seiner Autorenfantasie einen gewissen Gregor Samsa erwachen und sich fühlen lässt, als ob er sich in ein Ungeziefer, einen Käfer verwandelt hätte. Die innere und nach außen gerichtete Kommunikation ist gestört, ebenso die Kommunikationsfähigkeit. Befremdlich bis verstörend für sich und seine Umwelt.

Einen Kafka entgegengesetzten Ansatz verfolgt die Schriftstellerin Juliane Karwarth in ihrem 1922 erschienenen Buch *Die Abenteuer des Müllers Crispin*, mit dem sie das Paradebeispiel einer Literatur des Als-Ob vorlegt. Die zahlreichen Als-Ob-Konstruktionen bilden eine sprachliche Markantheit des Buches. Auf den ersten Blick wirkt es so, als würde damit inhaltlich das bestätigt werden, was Franz Kafka meint, wenn er sagt, dass das Als-Ob die Schlinge des Bösen sei, das den Menschen permanent ins Unglück stürzen will. So, wie die Dinge einem erscheinen, sind sie nicht, könnten ganz anders und wiederum anders sein. Es gibt keine Gewissheit, kein klares Erkennen, aller Anschein ist trügerisch. Das mag man bei einer Buchattrappe auf Kafkas Schreibtisch noch für lächerlich halten, wenn es allerdings wie bei Karwath um die Unterscheidung von Mensch und Werwolf geht, bedeutet die fehlende Gewissheit und klare Erkennbarkeit das Todesurteil. Kafkas Sorge, der Mensch könnte in die Falle des Bösen tappen, kehrt fast wortgleich bei Gottlobel wieder, wenn er zu Crispin sagt, dieser sei wohl selbst in die Gewalt der bösen Mächte geraten. Kafkas Furcht vor Scheingebilden ist bei Juliane Karwath mehr als eine Fußnote des Alltags, die sich irgendwie überlesen, ausblenden lässt. Aus der Ausnahme wird bei Karwath der Dauerzustand. Sie entlarvt die klare Unterscheidung zwischen unumstößlichen Tatsachen und Scheingebilden als großen Trugschluss. Ein Trugschluss, der Sicherheit suggeriert und deshalb um so gefährlicher ist und schlimmer empfunden wird, sobald die Sicherheit wankt. Der Schein, jemand sei in die Gewalt böser Mächte geraten, ist eben ein Schein, der die Erkenntnis behinhaltet, dass dieser Jemand sich schon immer darin befunden hat. Dem Als-Ob entkommt man nicht. Überall, wo einer hinkommt, ist es schon vor Ort, weil es mitgebracht wird von dem, der ihm entfliehen will. Das ist es, was Georg Groddeck meint: Der Mensch ist ein symbolisierendes Wesen und nimmt die vieldeutigen Symbole, welche die eigenen Sehnsüchte, Wünsche und Ängste repräsentieren, in der Außenwelt wahr. Eine Lebensgeschichte ist demnach bestenfalls eine, die sich definiert als Suche nach dem eigenen Symbolhaushalt und als unausgesetztes Fragen nach dessen Bedeutung, was zur Selbstaufklärung wie Indentitätsfindung führt. Der vom Als-Ob getriebene wie angezogene Crispin geht auf die Suche nach sich selbst, und seine Geschichte kann als Form des Bildungsromans betrachtet werden. Sie entspricht gleichwohl kaum dem klassischen bürgerlichen Bildungsroman, wie einer ins Leben tritt, wie das Leben, wie Schule, Lehre, Universität ihn formen und ihm einen festen Platz im höheren sozialen Gefüge bereiten. Crispin ist einer, der ankommt in einem Leben, das er führen will, der heiratet und seine Bestimmung im Heilen der Wunden seiner Mitmenschen findet. Er überschreitet damit jene Stelle, die für ihn als Müller normalweise vorgesehen war. Ein Arzt und Schamane wird er. Crispin überwindet den vorgegebenen, fest gefügten sozialen Horizont, weiß allerdings nicht, wie und warum er bewirken kann, was er bewirkt. Das Geheimnisvolle, das ihn umfing und durch das er ging, wirkt am Ende aus ihm heraus. Aber dieses Geheimnis bleibt gleichfalls gewahrt. Anders als im Bildungsroman, in dem den Protagonisten die Geheimnisse in einer prosaischen Welt abhandenkommen. Wem das Leben ein unaufgelösten Geheimnis bleibt, der ist an dessen Ende der Glückliche.

Das Geheimnis, das Als-Ob, das Symbol: Alles hat mit der Figur des Crispin zu tun, es sind die Anteile seiner Natur, die er projiziert und in der Außenwelt erfährt. An und mit ihnen wächst er. Diese Elemente machen allerdings auch die dem Menschen übergeordnete Natur aus. Mit dieser Natur begibt er sich in Kommunikation, die sich über Symbole und symbolische Gestalten wie Martin Pumphut und den Kuckuck vollzieht. Wie in jedem Traum, in dem die vorkommenden Dinge mehr sind als sie uns mit ihrer gegenständlichen Hülle erscheinen. In dieser Lesart wendet sich Juliane Karwath gegen die Moderne als Auseinanderdriften von Mensch und Natur. Bei Franz Kafka ist der Prozess des Auseinanderdriftens beendet. Mensch und Natur sind weit getrennt. Der Mensch mit seinem scheinbar klaren, ungetrübten Verstand verzweifelt an seiner geheimnisvollen und abgründigen Umgebung. Er lebt gewissermaßen isoliert, muss sich isolieren, damit ihn alles, was anders ist als er selbst, nicht verunsichert oder sogar verwahnsinnigt.

Juliane Karwath hält Mensch und Natur märchenhaft und romantisierend und symbolhaft zusammen. Der Mensch ist ein Scheingebilde, jeder Mensch ist des Menschen Schein. Aber das Abenteuer des Lebens besteht darin, sich auf diesen Schein einzulassen. Das Geheimnisvolle ist nicht aus dem Menschen und der Welt zu verbannen, es muss nicht gewaltsam aufgelöst werden, damit Menschen existieren können. Das Geheimnisvolle darf als solches weiterwirken, und der Mensch darf guten Gewissens sagen: Ich weiß nicht, wie ich es mache, aber ich mache es, etwas wirkt in mir, und die Gründe dafür dürfen mir unbekannt bleiben. Das bildet die Kehrseite jener Aufklärung des 18. Jahrhunderts, welche die Bewusstmachung von allem forderte. Um die Menschen zur Selbstkontrolle anzuhalten, um die absolute Berechenbarkeit der Naturkräfte sicherzustellen, um Herrschaft des Menschen über den Menschen und über die Natur zu erlangen. Karwaths Buch repräsentiert die Gegenbewegung, weil eine zur prosaischen Wüste aufgeklärte wie aufgelöste Welt sterbenslangweilig ist.

Johann Gottfried Herder war dies bereits im späten 18. Jahrhundert aufgefallen, und er thematisiert es in der Auseinandersetzung mit der Definition des Abenteuers und des Abenteuerlichen bei Johann Georg Sulzer. 1771 beargwöhnt Sulzer im ersten Band seiner *Allgemeinen Theorie der Schönen Künste* das Abenteuerliche als eine «Art des falschen Wunderbahren» und als Relikt der dunklen Ritterzeit. Die Charakteristik des Abenteuerlichen bestehe darin, dass alles wie in Träumen ohne hinreichenden Grund geschehe, nämlich in der Ordnung der wirklichen Natur unmögliche Dinge, was jeder Aufklärung widerstrebt. Herder antwortet Sulzer. Das falsche Wunderbare habe durchaus etwas Wahrhaftiges und einen zureichenden Grund in der Natur gehabt. Aus dem Kühnen und Ungewöhnlichen sei ein poetischer Stoff geworden, aus dessen weiterer Entwicklung man nicht auf die Genese und Wirklichkeit des Abenteuers rückschließen kann. Der pauschalen Abwertung und Ablehnung des Abenteuerlichen stellt Herder das anzugehende Projekt einer tiefen kulturwissenschaftlichen wie mentalitätsgeschichtlichen Analyse entgegen:

> «Wir wünschten wahrlich eine philosophische Geschichte des *Abentheuers*. Welche Neigungen und Phantasien zu gewissen Zeiten dazu beigetragen? wodurch auf die Wege geleitet? und so ausgebrochen? – Wie nach den Gesetzen der Einbildung und Umständen der Geschichte sich dergleichen Ideen und so haben durcheinander schlingen können – Liebe, Religion, Tugend, Keuschheit, Tapferkeit u. s. w. und wie nun durch die Völkermischung, Zeitenänderung sich auch das Maaß dieser und jener geändert?»

Für Sulzer widerspricht das Abenteuerliche der Natur der Dinge. Es stellt als das Ungereimte ein Produkt der überhitzten, ausschweifenden Fantasie dar, quasi eine Erkrankung der Einbildungskraft, die sich durch Ansteckung aus den arabischen Ländern, über Spanien auf das übrige Europa übertragen habe. Herder depathologisiert das, was ungereimt und übersteigert erscheint, bewertet es als Zusammenwirken menschlicher Ideen und Emotionen vor dem Hintergrund historisch-kultureller Entwicklungen. Das Abenteuerliche entspricht der Natur der menschlichen Dinge und ist mit willkürlich gesetzten Vernunftgesetzen und Geschmacksgrenzen weder zu verstehen noch auszutilgen. Ebendas zeigt sich im Erleben Crispins: Auf der Suche nach dem Dörrhaus spottet der Schmied über die gehörten seltsamen Geschichten mit dem Hinweis auf die «aufgeklärten Zeiten», in denen man sich befinde. Aber auch dort kommt es anders, als es sich die Vernunft vorstellen kann, als die Vernunft es fordert. Das Abenteuer bündelt die Als-Ob-Vorgänge. Das Abenteuer ist das Genre einer Literatur des Als-Ob. Ein ominöses Etwas steht unerkannt vor, hinter und neben dem Menschen wie ein Schatten. Das Abenteuer besteht aus ewig neuen Ausprägungen des Etwas, das im Lebens des Crispin zieht, treibt und drängt, um- und heranschleicht. Das Etwas ist jenes Phänomen, das Georg Groddeck 1923 in seinem *Buch vom Es* als Kraft bezeichnet, welche den Menschen «handeln, denken, wachsen, gesund und krank werden läßt, kurz die ihn lebt». Das Abenteuer beginnt und zeigt sich, wie mit Groddeck erläutert werden kann, «wenn die Schicht über dem Verdrängten irgendwo leck geworden ist», und das Es hervortritt und Unwohlsein wie Erschrecken auslöst, weil es das ist, was lange, zu lange, versteckt worden ist. Die Mühle stellt eine Repräsentationsform des Es dar. Sie verkörpert das innere Getriebe des Menschen, das in seinem Wirken dem klaren Verstand meistens unerklärlich bleibt.

Herder erkennt die Verstümmelung des Menschen, wenn die ihn leitenden Neigungen und Wünsche von der Vernunft gestutzt, gereinigt und ausgeschieden werden. Übrig bleibt eine Ergebnisgeschichte, die ihre Prozesse, das Geäder der Unterströme sowie ihre ursprüngliche Richtungsoffenheit verleugnet. Gleichzeitig konzipiert Herder eine Literaturforschung, die ihren Blick für das Abgesunkene und Verdrängte öffnet, um zu sehen, was möglich war und ist. Damit verbunden ist die Reintegration von Literaturbeständen, die als Sammelbecken all dessen angesehen werden können. Damit wäre Literaturforschung mehr als die Feier eines erlogenenen Kanons, sie könnte zu einem gesellschaftlich relevanten Impulskenner und Pulstreiber werden. Kawarth bietet ein Paradebeispiel dessen, was man in der Form des Abenteues aussprechen muss, weil der rufende Kuckuck als außen gehörtes Inneres eben «keine Ruhe» gibt. Gerade schreibende Frauen haben sich selten genug der Form des Abenteuers angenommen, weshalb es solche Werke bevorzugt zu entdecken und zu erforschen gilt. Das Abenteuer, gerade weil es die Unterströme des Bewusstseins und der Gesellschaft zeigt, passte indes nicht zu dem, was Frauen abverlangt wurde, worauf man ihre Aufmerksamkeit lenken wollte. Lisa Kunstmann schreibt in der Zeitschrift *Frau und Gegenwart* vom 4. Oktober 1927:

> «Eine der vornehmsten Pflichten, die die Frau der Gegenwart zu erfüllen hat, ist, sich durch gute Zeitschriften und Bücher über Frauenarbeit und Frauenleistungen orientieren zu lassen.»

Die Eigenaktivität von Frauen, eine Betätigung als Autorin oder die weibliche Literarisierung des Werwölfischen im Menschen scheiden dabei völlig aus. Es ist nämlich das Abenteuer, das die Ketten sprengt. Rudolf Fuchs dichtet 1915 in der expressionistischen Monatsschrift *Die weißen Blätter* unter dem Titel *Abenteuer*:

> «Ihr, die ihr Ketten schleppt in dumpfen Türmen,
> und ihr Verzweifelten an harten Schranken,
> entzündet euch mit mir an dem Gedanken:
> Das Tor einrennen und die Freiheit stürmen …!»

Karwaths Figur des Pumphut ist eine, die Beschränkungen aufzulösen vermag und andere mitreißt, an deren Kraft andere wachsen können. Pumphut verkörpert die urwüchsige natürliche Größe, die übergroße Natur selbst, welche die menschlichen Vorgaben übersteigt, ihnen zuwiderhandelt, weshalb Pumphut wie andere ähnliche Figuren im Zuge der sich vollziehenden Ermächtigung des Menschen, der Aufklärung und Säkularisierung, in die regionalen Legenden und Märchen abgedrängt wird. Diesen wildwüchsigen literarisch-poetischen Urgrund werten Forscher wie Herder oder die Gebrüder Grimm auf. Martin

Pumphut findet dementsprechend rehabilitierende Beachtung bei Julius Schanz und Eduard Kauffer in deren Buch *Die schönsten deutschen Sagen, Volksmärchen und Legenden* (1855), wo er der Sagenwelt der Oberlausitz zuerkannt wird, und bei Edmund Veckenstedt in der Darstellung *Pumphut. Ein Kulturdämon der Deutschen, Wenden, Litauer und Zamaiten* (1885). Ein vielsagender Titel. Martin Pumphut hat mit ähnlichen Figuren gemein, dass sich mit ihnen, ganz im Sinne Herders, die unterirdischen Literaturströme von Europa in ihrer Vernetztheit erkennen lassen. Die Bezeichnung «Kulturdämon» ist zudem eine gewichtige: Sie spielt auf das an, was Kultur konstituiert sowie die Kultivierung und Zähmung des Menschen ermöglicht, und verbindet damit jenes, was diesen Vorgang immer wieder durchkreuzt. Kulturdämonie ist der Inhalt der Literatur des Als-Ob, aufgehoben im Genre des Abenteuers.

Wer war die Literatin des Als-Ob, die Schriftstellerin Juliane Karwarth? Die Literaturgeschichte hat sie vergessen. Besser gesagt: Jene haben sie übergangen, die Literaturgeschichte geschrieben und nach ihren Richtlinien und Bedürfnissen eingerichtet haben, und das waren in der Vergangenheit stets Männer. Einige von ihnen kennen zumindest Karwaths Roman *Die Droste* (1929), der, wie der Titel schauen lässt, eine andere, bekanntere Literatin umfangreich und tief fühlend behandelt. Vergleichbar ist dieses Buch in seiner Anlage mit dem Heine-Roman der grandiosen, leider ebenso aus der Literaturgeschichte getilgten Doris Wittner: *Die Geschichte der kleinen Fliege* (1915). Im Fall beider Romane fungieren die Autorinnen Karwath und Wittner bloß als Beifang einer Forschung, welche sich auf die großen Fische der Literaturentwicklung konzentriert hat. Vergessen sind auch Karwaths Prosawerke *Katharyna Holerbeck* (1910), *Die drei Thedenbrinks.*

Ein Kleinstadtroman (1911), der Frauenrechtlerinnenroman *Das Feuer hinter dem Berge* (1913), das viel gelobte Buch *Das schlesische Fräulein* (1916), die Romane *Das Erlebnis des Erasmus Luckhardt* (1919), *Aglai* (1924) und *Marie Duchanin. Die Apothekerin und ihr Weg* (1926). Genügend Stoff, um sich Frauenlebensläufe und Gesellschaftsstrukturen wie -umbrüche genau anzusehen. Im Gesamtwerk der Juliane Karwath ragt neben *Die Abenteuer des Müllers Crispin* ihr Roman *Der wandernde Traum* (1922) hervor. Umformuliert und vertieft werden hier die in den *Abenteuern* aufgeworfenen Fragen, was die Menschen an- und umtreibt, wofür sie leben. In *Der wandernde Traum* ist es das Wunder, das den Kern eines geglückten Lebens ausmacht:

> «Das Wunder war wieder da. Nur darum kann man überhaupt in der Welt leben. Dafür steigt man zu Tage. Dafür ist man Mensch. Das ist die Welt. Das ist alles. Blut und Liebe sind alles. Liebe, Liebe ist alles.»

Das Wunder ist eine Erscheinungsform des Als-Ob. Die Kunst des Lebens besteht darin, das Leben anzusehen, als ob es ein Wunder wäre oder eines sein könnte. Das Wunder lässt Menschen als Wesen erscheinen, die sich gegenseitig wohlwollend behandeln, die ihre Würde erkennen und diese selbst unliebsamen Mitmenschen lassen. Menschen, so kann Karwaths Denkbewegung zusammengefasst werden, sind wandelnde, wandernde Träume. Sie leben in der Welt der Dinge und harten Fakten, sind jedoch nur in ihrer Welt der Ideen, Sehnsüchte und Hoffnungen wirklich zu Hause. Kunst spielt für die Psychohygiene eine wichtige Rolle: Kunst hilft dabei, das, wie es in *Der wandernde Traum* heißt, «Lichterbrennen in der Seele» zu verstehen wie zu regulieren. Kunst artikuliert Hoffnungen und Wünsche und bewahrt sie auf, damit sie im Leben nicht verloren gehen, man sich an sie und damit an das innere Leben erinnert. Am Ende seiner abenteuerlichen Lebensreise ist aus dem Müller Crispin ein «Heiler aller Wunden und Gebreste [Gebrechen]» geworden. Wem das Wunder des Lebens abhandenkommt, dem schlägt das Leben Wunden, welche die Heiler, die Künstler eingeschlossen, auf wundersame Weise schließen.

Juliane Karwath wurde am 16. Juli 1877 in Straßburg im Elsass geboren, verzog in früher Kindheit mit ihren Eltern nach Oberschlesien, woher ihr polnischer Vater stammte. In der Gegend um Kreuzburg (heute Kluczbork in Polen) soll sich, wie sie selbst schreibt, in grauer Vorzeit einmal eine Mühle, die Karwaths-Mühle, befunden haben. In der Stadt Neisse (heute Nysa) fand der Vater eine Anstellung. Die religiöse Spannung zwischen dem Katholizismus des Vaters wie des Lebensortes und dem Protestantismus der Mutter erlebte Juliane als belastend: «Und in dem Suchen und Träumen nach ihr [der Wirklichkeit hinter den Nebeln] entstand mein Fabulieren.» Karwarth lebte in einer Bücherwelt, wie schon ihre Mutter einem literarisch geprägtem Umfeld entstammte. Julianes Großvater mütterlicherseits war mit dem Schriftsteller Friedrich Wilhelm Hackländer und anderen Künstlern befreundet. Ihr Vater war belesen in der Geschichte und der Religion, schätzte ebenso naturwissenschaftliche Bücher und osteuropäische Literaturen. Die Natur und Sagenwelt rund um Neisse prägten die Fantasie der Juliane Karwath, und sie fasste früh den Wunsch, Malerin und Schriftstellerin zu werden. Ein drohende Erblindung vereitelte die gewünschte Existenz als Künstlerin. Sie ergriff den Beruf der Lehrerin und fand erst später zum Schreiben zurück. Als Lehrerin lebte sie in Gera, dann in Erfurt, schließlich in Weimar. Etwas menschenscheu, auch kränkelnd, wohl psychisch labil und depressiv sowie mit ihrem Augenleiden beschäftigt. In

Weimar verstarb Juliane Karwath am 15. Dezember 1931. In der Villa «Haus Ithaka», Am Horn 25.

Aus heutiger Sicht stellt Juliane Karwath eine bedeutsame ostdeutsche Kulturpersönlichkeit dar, an die man sich wieder erinnern könnte und sollte. Die mit ihr befreundete Schriftstellerin Sophie Hoechstetter schreibt im März 1932:

> «Daß ihr Werk, kostbar und einzigartig, bisher nicht wenigstens Gemeingut der geistigen Oberschicht ihrer Nation wurde, ist eine Wunde für alle, die dieses Werk lieben und bewundern.»

Leserinnen und Leser waren beeindruckt von ihrer Kunstfertigkeit, aber Juliane Karwath versammelte, im Verhältnis zu den männlichen Großschriftststellern ihrer Zeit wie Thomas Mann, eine relativ kleine Leserschaft. Sie beklagte sehr geringe Umsätze aus dem Verkauf ihrer Bücher. Schon damals leider ein wesentliches Kriterium, um über den Wert und Unwert eines Werks zu richten. Kawarths Œuvre blieb allerdings auch jenen fremd, die sich mit Kultur- und Kunstvermittlung beschäftigten. In Gera lud man lieber Autoren aus anderen Städten und Landschaften ein, anstatt auf die ansässige, damals schon gedruckte wie gelesene Autorin zurückzugreifen. Dazu beigetragen haben mag eine Schreibweise, die man weniger mit der Art, wie Frauen schreiben und schreiben sollen, verbunden hat. Ein starkes Schöpfen aus dem menschlichen Unterbewusstsein, sodass die Objekte der wirklichen Welt wie auratisch umgeben wirken, wie Tore zu anderen, psychischen Wirklichkeiten. Adolf Bartels, der als Nationalsozialist die Literaturgeschichte von allen jüdischen, expressionistischen und subversiv-psychologischen Einflüssen, Themen sowie Autorinnen und Autoren befreien wollte, ordnet in seinem Grundriss *Die deutsche Dichtung von Hebbel bis zur Gegenwart* (1922) Karwaths Schreiben als «erotistisch» ein. Eine sprachliche Übertreibung des Erotischen und damit ein Austreibungsgrund, Vertreibung aus der für Bartels «normalen» Literatur, die sich vom «Sensationalismus» und einem jüdisch geprägten Kulturbetrieb fernhält. Bartels bemerkt außerdem, dass Karwaths Vater ein Pole gewesen sei. So verbinden sich Antisemitismus und völkisch-nationalistisches Denken und bilden die Grundlage wie erste Ausprägung einer Literaturgeschichte, die denunziert, vom Diskurs ausschließt, um tatsächlich zu vernichten. Anselma Heine hebt hingegen das, was Bartels als subersiv und exotisch-erotisch verdammt, lobend hervor und schreibt 1922 über Karwath, alles sei «durchsponnen von Geheimnis und Schauer»: «Juliane Karwath ist dieser Geheimschriften mächtig wie kaum ein anderer Schriftsteller.» Karwath selbst hat ihr Schreiben in einem Brief an Hans Bücker, der die weibliche Autorschaft seinen Zeitgenossen journalistisch verständlich machte, wie folgt erklärt:

> «Was ist künstlerisches Schaffen anders, als unbewußte, mehr oder weniger geglaubte Nachahmung unerbittlicher Daseinsgesetze? Nicht spielen, sondern der Versuch, dem großen Spiel, das mit uns geschieht, nachzuspüren. Eine unsichere Spiegelung. Denn hinter allem, was geschieht, steht geheimer Ausgleich, unerbittliche Gerechtigkeit, wenn sie auch meist nicht anders bewiesen wird als dadurch, daß man sie immer suchen muß.»

An solchen «unsicheren Spiegelungen» ist das Als-Ob immer beteiligt. Es hat Anteil an dem Versuch des Menschen, zu erklären, was mit ihm geschieht, warum er sieht, was er sieht und doch nicht sicher erkennt. Die Begriffsschöpfung der «unsicheren Spiegelung» findet sich in dem Aufsatz *Das Unsterbliche im Menschen* des Buddhismus-Forschers Thomas William Rhys-Davids, in deutscher Übersetzung erschienenen 1891 in der Zeitschrift für übersinnliche Weltanschauung *Sphinx*. Eine Grundkraft des Menschen stelle, so Rhys-Davids, die Fähigkeit dar, abstrakte Begriffe zu bilden. Diese seien «wie die unsichere Spiegelung, welche im Sonnenschein auf dem Wasser erscheint». Die Pointe besteht darin, dass keine Grundkraft des Menschen zu jedem Zeitpunkt dominiere und unveränderlich sei. Das Stoffliche bilde sich und verschwinde wieder, die Empfindungen tanzten wie Blasen auf der Wasseroberfläche, die geistigen Anlagen zeigten sich wie ein schwankendes Rohr ohne inneren Halt, die Gedanken seien gespensterhaft: «Der Mensch», stellt Rhys-Davids fest, «ist niemals in zwei aufeinander folgenden Augenblikken derselbe, und es ist durchaus kein beharrender Grundteil in ihm.» Der Mensch bleibt sich in dieser Hinsicht ein Geheimnis. Er selbst ist das Als-Ob in einer Welt, die ihm auf immer andere und neue Weise erscheint, weil er sich permanent verändert. Das Leben kann ihm nichts anderes sein als ein Abenteuer. Franz Kafka sperrt sich bis zur Neurose dagegen, wünscht sich, dass es anders wäre. Juliane Karwath nimmt die Dinge in und um den Menschen in ihrer Beweglichkeit hin, erkennt das künstlerische Potenzial und zeigt die ganze, durchaus unterhaltsame Bandbreite zwischen Schrecken, Selbstbetrug, Nicht-Wahrhaben-Wollen und heilender Erkenntnis.

Das vorliegende Buch ist dem Ehepaar Astrid und Peter Schenk in Weimar gewidmet. Astrid Schenk (geb. Karwath) verstarb im Sommer 2020. Beide setzten sich unermüdlich für eine Wiederentdeckung und Würdigung Juliane Karwaths ein. Aufgrund der Namensgleichheit nahm der in Weimar ansässige Vater von Astrid 1931 Kontakt zu der Weimarer Dichterin auf, die im selben Jahr verstarb. Obwohl sich keine Verwandtschaft zwischen ihnen erschloss, entstand eine starke Verbundenheit, die dazu führte, dass die

Grabplatte der aufgelösten Begräbnisstätte der Schriftstellerin von Astrid und Peter Schenk sicher wie achtungsvoll verwahrt wurde. Zusammen mit den Briefen, die Juliane Karwath an den Vater Hellmuth Karwath schrieb.

Diese Hintergrundgeschichte zeigt, welche Kraft der Zusammengehörigkeit aus einer Namensverwandtschaft hervorgehen kann, und was möglich wird, wenn sich Menschen zugehörig fühlen, welches Verantwortungsgefühl das eigene wie das Leben der Nebenmenschen erhellen und verschönern kann. Ein Licht in dieser dunklen Zeit. Blut ist dicker als Wasser, aber Wasser ist das, woraus Welt und Lebewesen zum größten Teil bestehen. Das Blut fließt bloß in uns, das Wasser umfließt uns alle, gibt allen und allem Nahrung. Wasser ist die Natur in und um uns, das Wasser ist als der Okeanos in Homers *Ilias* die Urnatur und das Schöpfungs- und Lebensprinzip, aus dem selbst die schöpfungskräftigen Götter hervorgehen. Vermutlich zieht es die Menschen deshalb zu den Meeren, weil das innere und äußere Brausen zum Ausgleich kommt, und das Wellentosen an überstandene wie an ersehnte Abenteuer erinnert. Natur und Abenteuer hängen vielfältig zusammen. Hört die Natur auf, ein Abenteuer zu sein, wird sie zur Beute und zum Verbrauchsmaterial des hoffärtigen Menschen, der seine Herkunft verleugnet und mit Füßen tritt.

Der Mensch werde hellhörig, was die wilde Natur ihm zu sagen hat. Wer im intensiven Gefühlsgespräch mit ihr verbleibt, in dem entsteht jene Sehnsucht gar nicht erst, die Goethes Faust bis zur Verzweiflung umtrieb: «Daß ich erkenne, was die Welt / Im Innersten zusammenhält». Das analytisch-rationale Vorgehen des Wissenschaftlers entwirrt das scheinbare Chaos, erkennt und benutzt die vorher unerkannten Wirkmächte. Er löst alle Rätsel und sorgt dafür, dass das Leben kein Abenteuer mehr ist. Der abenteuerlose Mensch ist einer ohne Naturbezug, der Natur entfremdet und sich selbst abhandengekommen.

Juliane Karwath erzählt in ihren Episoden um den Müller Crispin vom Sich-Wiederfinden des Menschen, vom Abenteuer der Daseinshinterfragung und Entschlüsselung der eigenen Identität. Shakespeares Hamlet sagt ganz richtig, dass es Dinge zwischen Himmel und Erde gibt, von denen unsere Schulweisheit nichts weiß. Aber genau inmitten dieser Dinge, im Davor und Dahinter der Natur, bewegen und begegnen wir Menschen uns und prägen je eigene Persönlichkeiten und Lebensformen aus. Da unsere Schulweisheit hier völlig überfordert wäre, solche Dinge und Phänomene zu verstehen, das menschliche Verstehen an sein Ende gelangt, bedarf es der künstlerischen Form, um die Dinge ganzheitlich und lustvoll zu Bewusstsein zu bringen. In der Kunst wird uns so zumute, «als ob» wir etwas verstehen würden, was wir nicht verstehen können. Im mythologisch-märchenhaften, bildhaften Gleichnis sehen und ahnen wir, ohne verstehen zu müssen, und lassen zugleich das Abenteuer der Natur und des Lebens intakt. Denn ein Abenteuer muss das Leben bleiben, weil es sonst zu einem Verwaltungsvorgang mit Aktenvermerken, Aktenablage und Wiedervorlagen herunterkommt. Alles schön geordnet, aber eher beklagenswert als lebenswert. Die Kunst lässt uns spüren, «als ob» das Leben ein Abenteuer wäre. Sie formuliert die Hoffnung, hält sie aufrecht, dass es eines sein kann und darf. Stürzen wir uns ins Abenteuer. Aber nicht allein in das Abenteuer des Lesens.

Martin A. Völker